持——续
JUST KEEP BUYING
买——入

[美] 尼克·马吉奥利 —— 著　阿加嘉 —— 译

中信出版集团 | 北京

图书在版编目（CIP）数据

持续买入 /（美）尼克·马吉奥利著；阿加嘉译
. -- 北京：中信出版社，2025.1
书名原文：Just Keep Buying：Proven Ways to Save Money and Build Your Wealth
ISBN 978-7-5217-6243-3

Ⅰ.①持… Ⅱ.①尼… ②阿… Ⅲ.①投资－基本知识 Ⅳ.① F830.59

中国国家版本馆 CIP 数据核字 (2023) 第 248009 号

Copyright © Nick Maggiulli, 2022
Originally published in the UK by Harriman House Ltd in 2022, www.harriman-house.com.
Simplified Chinese translation copyright © 2025 by CITIC Press Corporation
ALL RIGHTS RESERVED
本书仅限中国大陆地区发行销售

持续买入
著者： [美]尼克·马吉奥利
译者： 阿加嘉
出版发行：中信出版集团股份有限公司
（北京市朝阳区东三环北路 27 号嘉铭中心　邮编　100020）
承印者： 北京通州皇家印刷厂

开本：880mm×1230mm 1/32　印张：9.25　字数：189 千字
版次：2025 年 1 月第 1 版　印次：2025 年 1 月第 1 次印刷
京权图字：01-2023-4993　书号：ISBN 978-7-5217-6243-3
定价：69.00 元

版权所有·侵权必究
如有印刷、装订问题，本公司负责调换。
服务热线：400-600-8099
投稿邮箱：author@citicpub.com

目录

如何使用这本书 III
前　言 V
绪章　从何处开始？ XIII

储蓄

第一章　你应该存多少钱 003
第二章　如何存更多钱 012
第三章　如何让花钱没有负罪感 029
第四章　你可以接受生活方式多大程度上的改变 038
第五章　你应该负债吗 047
第六章　你应该租房还是买房 058
第七章　如何为房屋首付和其他"大额购买"存钱 069
第八章　何时可以退休 080

投资

第九章　为什么要投资　095

第十章　你应该投资什么　105

第十一章　为什么你不应该购买个股　131

第十二章　你投资了吗　140

第十三章　为什么不应该等待逢低买入　159

第十四章　为什么投资要靠运气　172

第十五章　为什么不应该害怕波动　183

第十六章　危机期间如何投资　193

第十七章　应该什么时候卖出　206

第十八章　你应该在哪里投资　221

第十九章　为什么你从来不觉得自己富有　242

第二十章　最重要的资产　252

结语　持续买入法则如何赢得时间旅行者
　　　的游戏　260

致谢　266

注释　267

如何使用这本书

  这本书的结构可以让你最大化利用自己的时间。你可以从头到尾读，但跳到最适合你的章节更有用。

  这本书分为储蓄和投资两部分。储蓄部分将包括存钱的方方面面：存多少钱，如何存更多钱，如何没有负罪感地花钱，等等。投资部分将涵盖"钱生钱"的方方面面：为什么应该投资，应该投资什么，投资频率，等等。

  我之所以用这样的方式写这本书，是为了让你可以很快地找到自己需要的信息并加以利用。如果你不需要别人帮你省钱，那就跳过那一章。相信我，我不会介意的。我希望你找到一些有价值的东西，而不是一页都不读。

  最后，想要快速获得这本书的关键思想和实际用处的人，可以在结语中找到这些信息。

前　言

我祖父生前沉迷于赌马。在我小时候，他经常带我去洛杉矶县博览会，看那些名字是"华丽的印记"或"越狱"的纯种马在赛道上驰骋。对年幼的我来说，赛马是一种温和的娱乐活动，然而长大后我才知道，它对我祖父来说是一生的挣扎。

我祖父的赌瘾从赛马开始，后来他又玩上了纸牌游戏。21点、百家乐、牌九……你能想到的纸牌游戏基本上他都玩过。有些纸牌游戏我从未听说过，但我祖父对它们非常熟悉。他像在赛马场时一样在赌桌旁下注，有时一手25美元，有时一手75美元。他在纸牌游戏上输掉了一笔不小的钱。

你要知道，我祖父当时已经退休了，他和他的母亲（我的曾祖母）住在一起。她为他支付食物和住房费用。在55岁刚退休时，祖父每个月可以领取1 000美元的退休金。7年后，他开始领取社会保险，每个月又多了1 200美元。

然而，尽管每个月有2 200美元的收入，而且几乎没有什么生活支出，他在2019年5月去世时，名下还是没有任何资产。在整整26年的退休生活中，他把一切都赌光了。

如果我的祖父每月能够拿出退休收入的一半投资于美国股市（反正无论如何他都会把钱输掉），会发生什么呢？

他在去世前会成为百万富翁。

即使将一半的退休收入拿去赌博，只将另一半用于投资股市，在退休期间，他也可以积累财富。

即使他的大部分投资是在美国股市历史上最糟糕的十年（2000—2009年）进行的，情况也是如此。通过月复一月的持续投资，我的祖父可以抵消掉他最糟糕的财务习惯，实现财富的积累。尽管你可能并没有严重的赌博成瘾问题，但通过遵循这一理念，你可以为自己创造财富。

在我祖父去世的几年前，我几乎是在偶然中发现这个想法的——一个只由三个字组成的、可以让你致富的想法。

买，买，买。

这是一句改变我生活的咒语。

在成长的过程中，我没有什么金钱观念，也不知道如何创造财富。我不知道"夏天"（summer）这个词可以作为一个动词使用，比如"我在汉普顿避暑"（I summer in the Hampton），也不知道红利是什么。在我生命中的很长一段时间里，我都认为时时乐和红龙虾是高端餐厅。

我的父母工作很努力，但是他们都没有念完大学，也从未接触过投资。因此，我也没接触过投资。事实上，我直到上大学后才真正明白什么是股票。

然而，学习投资知识并不足以解决我的财务问题。尽管获得了很好的教育，我大学毕业后的财务生活依然充满了不确定性和压力。我对自己的几乎每一个财务决定都存在疑问。

我应该投资什么？

我的储蓄是否足够？

我应该现在买房还是等待时机？

直到25岁左右，我在金钱问题上都很迷茫。我已经是一个成年人了，开始了自己的职业生涯，也独立地掌控着自己的生活。然而，对金钱的疑惑一直困扰着我，我无法把它从我的脑海中抹去。

我开始阅读所有我能找到的有关金钱和投资的资料。我浏览网络论坛，阅读每一封巴菲特致伯克希尔－哈撒韦公司股东的信，翻看晦涩难懂的金融史图书，甚至连脚注也不落下。这些做法很有帮助，但我仍然不确定下一步该怎么做。

后来，在2017年初，我决定开始写关于个人财务和投资的博客。我打算强迫自己把这些东西搞清楚。

在那之后不久，我在优兔上看到了凯西·奈斯泰德的一段视频，这改变了一切。

这段视频的标题是"三个词让我拥有300万订阅用户"。视频讨论了奈斯泰德如何利用另一位视频博主罗曼·阿特伍德给他的三个建议，让他个人频道的订阅量增至300万。这三个建议或者说三个词是：上传，上传，上传。虽然奈斯泰德探讨的问题是如何让个人视频获得更多粉丝，但我立即从中看到了这件事与投资和建立财富的联系。

在看到那段视频之前的几周里，我一直在对美国股市进行分析。我发现了一个重要的结论——对积累财富来说，什么时候买股票并不重要，重要的是你买了这些股票，并一直买下去。估值是高还是低不重要，处于牛市还是熊市也不重要，重要的是，持续买入。

将这个观点与奈斯泰德在优兔上的建议结合起来，《持续买入》这本书就诞生了。这本书讲述的是一种可以改变你财务状况的哲学——如果你愿意接受它带来的改变。

我说的持续买入，指的是持续买入一组多样化的、可以产生收入的资产。我说的可以产生收入的资产，指的是那些你认为在未来能够为你带来收入的资产，即使这些收入并不会被立即直接支付给你。它们包括股票、债券、房地产及其他项目。然而，持续买入策略的具体细节并不十分重要。

这个策略与什么时候买、买多少、买什么无关，它只是让你不断地买入。这个观点看起来很简单，也的确就是这么简单。让投资成为一种习惯，就像你平时习惯于支付房租、偿还贷款、购买食物一样。进行投资，并持续这样做。

在形式上，这种方法与定期定额投资法（DCA，也称美元成本平均法）一样。与定期定额投资法唯一的区别是，持续买入策略需要投资者具备心理动机。

持续买入策略是一种积极的投资策略，可以让你轻松地积累财富。你可以把它想象成一个从山上滚下来的雪球，只要不断地购买，你就能看到这个雪球不断地变大。

事实上，今天比历史上任何时候都更容易遵循持续买入策略。

为什么这么说？

因为如果你在20多年前就执行这个建议，你要在这一过程中支付高昂的费用和交易成本。在20世纪90年代，每笔交易的费用高达8美元，这会很快让执行持续买入策略变得非常昂贵。

但是后来，情况发生了变化。随着许多主要投资平台推出免费交易、散股的兴起，以及廉价的多样化投资的出现，持续买入策略拥有了前所未有的优势。

今天，你可以通过购买标准普尔500指数基金（S&P500）的单一份额让美国每个大型上市公司的每个人都为你的财富而努力。[1] 如果你购买国际指数基金，世界其他地区（或大部分地区）的杰出人士也将为你工作。

只要花一点儿钱，你就可以拥有人类文明大部分地区未来经济增长的一小部分。经济增长将使你能够在几十年内积累财富。这不仅仅是我的观点，它有超过一个世纪的数据支持，并且不受地域和资产类别的限制。

当然,"持续买入"只是你投资之旅的开端。尽管它很简单,但我知道,它不足以回答你在投资之路上可能遇到的每一个问题。这便是我写这本书的原因。

在接下来的内容中,我将回答你在个人理财和投资中最常遇到的一些问题。每章将深入讨论一个话题,并提供相关的可操作建议,让你可以立即在财务生活中使用它们。

最重要的是,我对这些问题的回答将基于数据和事实,而不只是信念和猜测。这意味着我的某些结论可能会与主流的投资建议相悖,其中有些甚至可能会令你震惊。

例如,接下来我将解释:

- 为什么你需要的储蓄比你想象的要少?
- 为什么产生信用卡债务并不总是坏事?
- 为什么存钱买跌停板并不是一个好主意?
- 为什么你不应该购买个股,以及为什么这与业绩无关?
- 为什么大的市场调整通常意味着很好的购买机会?
- ……

我并不希望引起争议。我的目标是利用数据来寻找真相,无论真相在何方。

归根结底,本书介绍的是一套经过验证的、可以为你节省资金和积累财富的方法。通过遵循书中介绍的策略,你将学会如何更聪明地投资,并且生活得更富裕。

———

第一个问题是:你应该从何处开始?在接下来的绪章中,我将基于你目前的财务状况,说明你应该把重点放在储蓄还是投资上。

绪章　从何处开始？

为什么穷人要存钱，富人却要投资

23岁时，我以为自己知道如何积累财富。降低费率，分散投资，长期持有，我曾多次从沃伦·巴菲特、威廉·伯恩斯坦和约翰·博格等投资界传奇人物那里听到过这样的建议。虽然这些建议并没有错，但作为一名刚毕业的大学生，这让我把财务注意力放在了错误的事情上。

尽管当时我的退休账户里只有1 000美元，但我还是花了很多时间来分析下一年的投资决策。我用电子表格来测算净值和预期收益。我每天都检查账户余额。我质疑自己的资产配置，几乎到了神经错乱的地步。

我应该把15%的钱投到债券上吗？还是20%？为什么不是10%呢？

我像着了魔一样。据说痴迷是年轻人的游戏。我深谙这个道理。

然而，我尽管对投资非常着迷，却没有花时间分析自己的收入或支出。我经常会和同事出去吃饭，一轮又一轮地点酒水饮料，然后打车回家。我当时住在旧金山，一晚上花掉 100 美元轻而易举。

想想这种行为是多么愚蠢。我名下的可投资资产只有 1 000 美元，即使是 10% 的年收益率，一年也只能赚到 100 美元。但是，每次和朋友出去玩儿，我都要花掉 100 美元！一晚上的餐饮费加上交通费，我一年的投资回报（这还是在行情好的时候）就没了。

在旧金山，只要一个晚上不参加聚会，我就相当于赚到了当时一年的投资收益。我的财务优先项如此混乱，即使是巴菲特、伯恩斯坦和博格一起帮我理财，对我来说也无济于事。

相比较而言，对持有 1 000 万可投资资产的人来说，如果投资组合下跌 10%，他们就会损失 100 万美元。你觉得他们一年能攒下 100 万美元吗？几乎不可能。除非收入很高，否则年储蓄根本无法与投资组合的定期波动相提并论。这就是为什么与只有 1 000 美元的人相比，有 1 000 万美元的人必须花更多的时间来考虑投资决策。

这些例子说明，应该关注什么取决于自身的财务状况。如果没有很多钱可用于投资，那就应该专注于增加储蓄（并用来投资）。然而，如果已经有相当体量的投资，那就应该花更多的时间研究投资计划的细节。

简而言之：穷人要储蓄，富人要投资。

不能单单从字面上理解这句话的意思。我用"穷人"和

"富人"，既有绝对意义，也有相对意义。例如，作为一名能够在旧金山参加派对的刚毕业的大学生，我绝对不是穷人，但相对于未来的自己来说，那时的我很穷。

用这种思维方式就很容易理解为什么穷人要储蓄，富人要投资了。

如果23岁的我懂得这个道理，我就会花更多的时间发展事业，增加收入，而不是质疑投资决策。一旦有了更多的储蓄，就可以调整投资组合。

———

那么，如何知道在我所谓的"储蓄–投资"统一体中，自己正处于什么位置呢？可以用一个简单的计算作为指导。

首先，计算出明年在毫不费力的情况下预计能存下多少钱。"毫不费力"是指轻而易举就可以做到。我们将其称为你的预期储蓄。比如，如果你预计每月能存下1 000美元，那么你的预期储蓄应该是每年12 000美元。

接下来，计算一下你的投资明年预计会增长多少（以美元计算）。例如，如果你有10 000美元的可投资资产，你预计它们会增长10%，也就是预计增长1 000美元。我们称其为你的预期投资增长。

最后，比较这两个数字。预期储蓄和预期投资增长哪个更大？

如果预期储蓄较高，那么你需要更多地关注储蓄和增加投资。然而，如果你的预期投资增长更高，你就应花更多的时间考虑如何投资你已经拥有的东西。如果这两个数字很接近，那么你应该在储蓄和投资上都花时间。

无论你目前处于财务生涯的哪个阶段，随着年龄的增长，你都应该把重点从储蓄转移到投资上。为了证明这一点，可以假设一个人工作40年，每年储蓄10 000美元，年收益率为5%。

一年后，他将投资10 000美元，并从这项投资中获得500美元的收益。此时，他从储蓄中获得的财富增长（10 000美元）是他从投资中获得财富增长（500美元）的20倍。

将时间快进30年。届时，他的总财富将达到623 227美元，并将在下一年从中赚取31 161美元（同样是5%的年收益率）。现在，他从储蓄中获得的财富增长（1万美元）约是从投资中获得的财富增长（31 161美元）的1/3。

图0.1分类显示了他每年的财富增长，我们可以从中看到上述转变。

可以看到，在工作的前十几年里，他每年的财富增长大部分是由储蓄带来的（深灰色柱）。然而，在他工作生涯的后几十年里，投资（浅灰色柱）对年度财富增长的贡献就要大得多了。

这种转变非常明显，在他退休时，年度财富增长的近70%来自投资收益，而不是储蓄！

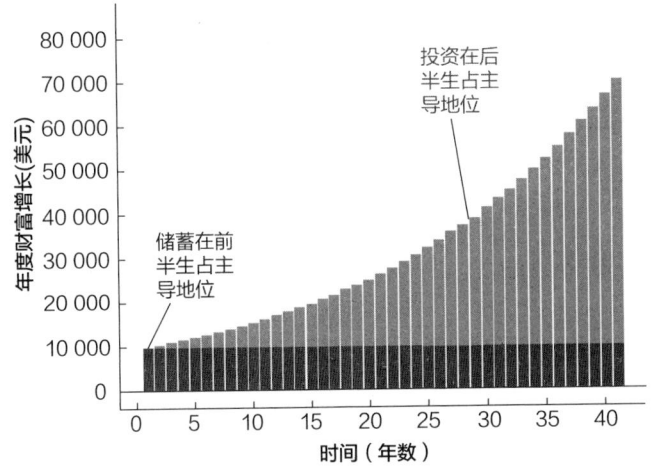

图 0.1　储蓄和投资随时间的推移对年度财富增长产生的不同影响

这就是为什么"储蓄 – 投资"统一体对你的财务注意力将在何处获得最佳回报非常重要。

在极端情况下,这种重要性显而易见。如果你没有可投资的资产,那么储蓄就是第一要务。你如果退休了,不能再工作了,就应该在投资上花更多的时间。

而在一般情况下,明确把时间花在哪里有些困难。所以,本书分为两部分。第一部分关于储蓄("储蓄 – 投资"统一体的第一阶段),第二部分关于投资("储蓄 – 投资"统一体的第二阶段)。

储蓄

第一章
你应该存多少钱

很可能比预想的要少

如果你去阿拉斯加南部的小溪里钓鱼,你会看到成百上千条多利瓦尔登鱼在清澈的水中游来游去。一年中的大部分时间里,你看不到它们有什么可吃的。然而,从初夏开始,鲑鱼就来了。

多利瓦尔登鱼一看到肚子里装满鱼卵的肥美鲑鱼就会开始暴饮暴食,吃到肚子好像随时会爆炸。

怀俄明大学大卫·史密斯保护研究院的研究员约翰尼·阿姆斯特朗说:"多利瓦尔登鱼完全是鱼卵狂人。它们的胃里装满了鲑鱼的鱼卵,在和鲑鱼搏斗时它们被打得体无完肤。"

鲑鱼消失后,尽管没有稳定的食物来源,许多多利瓦尔登鱼仍然能够存活下来。"如果计算一下该流域一年中大部分时间的能量和食物量,你很快就会发现,它们不太可能全年都在那里生存,"阿姆斯特朗说,"但它们确实生存下来了。"

多利瓦尔登鱼是如何承受这样的条件的?正如阿姆斯特朗

和他的同事摩根·邦德所发现的那样，当食物缺乏时，为了消耗更少的能量，它们会收缩消化道。当鲑鱼出现时，它们的消化器官会长到正常大小的两倍。[2]

在生物学上，这一概念被称为表型可塑性，是一种生物体改变其生理条件以适应环境的能力。表型可塑性不仅有助于理解植物、鸟类和鱼类是如何根据环境变化的，还有助于你决定自己应该持有多少钱。

大多数储蓄建议存在的问题

在谷歌搜索"我应该存多少钱"，你会看到不下15万个结果。浏览一下前10个结果，你会看到这样的建议：

"要把收入的20%存起来。"

"先把收入的10%存起来，之后要努力存20%，然后是30%。"

"30岁时存款是你收入的1倍，35岁时存款是你收入的2倍，40岁时存款是你收入的3倍。"

这些文章都建立在有同样缺陷的假设之上。首先，它们假设收入在一段时间内是相对稳定的。其次，它们假设所有收入水平的人都有能力以相同的比例储蓄。这两种假设都被学术研究证明是不合理的。

首先，收入动态小组研究（PSID）的数据表明，随着时间的推移，收入会越来越不稳定，而不是越来越稳定。研究人员利用这些数据发现，从1968年到2005年，"家庭收入波动幅度呈现25%~50%的扩大趋势"[3]。

这在逻辑上讲得通，因为从单一收入家庭到双收入家庭的逐渐转变意味着家庭不再需要担心一个人失去工作，而是担心两个人失去工作。

其次，决定个人储蓄率最主要的因素是收入水平。这一事实已在金融文献中得到广泛证实。

例如，美国联邦储备委员会和美国国家经济研究局的研究人员估计，收入最低的20%的人每年能攒下其收入的1%，而收入最高的20%的人每年能攒下其收入的24%。

此外，研究人员的估算显示，收入最高的5%的人的年储蓄率为37%，而收入最高的1%的人年储蓄率则是51%。[4]

同样，加州大学伯克利分校的两位经济学家发现，在美国历史上，从1910年到2010年，除了20世纪30年代，每个十年的储蓄率都与财富呈正相关。[5]

这就是为什么像"把收入的20%存起来"这样的储蓄规则是在误导大家。这样的建议不仅忽略了收入的波动，而且假设每个人都能以相同的比率储蓄。这在实证上是站不住脚的。

这就是多利瓦尔登鱼表型可塑性的用武之地。多利瓦尔登鱼不是一年中均匀地消耗相同数量的卡路里，而是根据可获得的食物量来改变自身的卡路里摄入量（和新陈代谢）。

当涉及储蓄时，我们也应该这样做。

当我们有能力多存钱时，我们就应该多存钱；当我们没有能力多存钱时，我们可以少存一些钱。我们不应该使用一成不变的规则，因为我们的财务状况很少是一成不变的。

我就亲身经历过储蓄率的大幅波动。在搬到纽约的第一年，我的储蓄率从住在波士顿时的 40% 下降到 4%。因为换了工作，搬到纽约后不再与人合租，我的储蓄率直线下降。

如果我发誓无论如何都要把收入的 20% 存起来，那么我在纽约的第一年肯定会很痛苦。这不是生活该有的样子。

这就是为什么最好的储蓄建议是：**存下能存的钱**。

如果听从这个建议，你的压力会更小，快乐会更多。因为人们对钱的担忧已经足够多了。根据美国心理协会的说法，"不管经济环境如何，自美国 2007 年第一次压力调查以来，财务一直是美国人的第一压力来源"[6]。

是否存够了钱是最常见的财务压力之一。西北互惠银行在 2018 年的计划与进展研究中指出，48% 的美国成年人对他们的储蓄水平感到"高度"或"中度"焦虑。[7]

数据清楚地表明，人们对自己能存多少钱感到担忧。不幸的是，储蓄不足带来的压力比储蓄本身更有害。布鲁金斯学会的研究人员在分析了盖洛普的数据后证实，"储蓄压力的负面影响大于其积极影响"[8]。

这意味着，只有当以一种没有压力的方式存钱时，存更多的钱才更有益。否则，存钱本身就是弊大于利。

我很清楚这一点，因为一旦不再根据武断的规则存钱，我就不再纠结于我的财务状况。尽我所能地存钱，就能享受我自己手里的钱，而不是质疑自己所做的每一个财务决定。

如果你想在存钱方面实现类似的转变，那么你首先需要确定你能存下多少钱。

确定你能存多少钱

计算你能存多少钱可以参考这个简单的等式：

储蓄 = 收入 - 支出

用挣的钱减去花的钱，剩下的就是储蓄。这意味着解这个方程你只需要知道两个数字：

1. 你的收入
2. 你的支出

我建议根据每月发生的财务项目（例如工资、租金/抵押贷款、订阅服务费等），按月计算其金额。

例如，如果你的月收入是 4 000 美元，而你一个月花 3 000 美元，那么你每月的储蓄就是 1 000 美元。

对大多数人来说，计算收入很容易，而计算支出则要困难得多，因为支出往往波动更大。

在一个理想的世界里，我会让你知道你的每一元钱都花在了哪里，但我也知道这是多么耗时。每次读到一本书，告诉我要计算我的确切支出时，我都会忽略它。因为我觉得你也会忽略，所以我有一个更简单的方法。

与其计算你花的每一元钱，不如找到你的固定支出，然后估计剩下的。固定支出是指每月不变的支出。这包括：租金/抵押贷款、互联网/有线电视费、订阅服务费、汽车付款等。

一旦把这些数字加起来，你就会得到每月的固定支出金额。在此之后，你可以估计可变支出。例如，如果你每周去一次超市，花了大约100美元，那么就用400美元作为你每月的食品支出。你也可以用同样的方法估算外出吃饭、旅行等支出。

另一个帮助我更好地估计支出的策略是，把所有可变支出都放在同一张信用卡上（月底我会全额还款）。这样做并不是为了攒信用卡积分，而是为了更容易地追踪自己的消费。

无论决定用哪种方法，你最后都会知道自己大约可以节省多少钱。

我推荐这种方法，是因为人们很容易因为没有足够的钱而迷失方向。例如，如果你问1 000个美国成年人："你需要多少钱才算得上富人？"他们会说是230万美元。[9]

但是，如果你向 1 000 个百万富翁（拥有至少 100 万美元可投资资产的人）提出同样的问题，这个数字就会增加到 750 万美元。[10]

我们变得更富有了，但仍然觉得不够。我们总是觉得我们可以或者应该存更多的钱。但如果你仔细研究数据，你会发现完全不同的情况——你可能已经存了够多的钱。

为什么需要存的钱比预想的要少

刚退休的人最大的担忧之一就是，钱终有一天会被花光。事实上，有压倒性的证据表明，情况似乎正相反——退休人员反而是支出不够多。

正如得克萨斯理工大学的研究人员所言："许多研究发现，退休人员的金融资产会保持稳定，甚至随着时间的推移而增加。人们不会在退休后花光储蓄。"[11] 作者证实，之所以出现这种情况，是因为许多退休人员的支出并没有超过他们每年从社保、养老金和投资中获得的收入。因此，他们从不抛售投资组合的本金，而他们的财富通常会随着时间的推移而增长。

最低分配规则（RMDs）迫使退休人员出售部分资产，情况的确如此。正如研究人员得出的结论，"（这）证明退休人员会将必要的分配用于其他金融资产的投资"。

一年之中，有多少比例的退休人员会出售其资产？只有

1/7。根据投资与财富研究所的报告:"不管他们的财富状况如何,58%的退休人员提取的资金少于他们的投资收益,26%的人提取的资金与其投资组合的收益相当,只有14%的人正在提取本金。"[12]

结果是,退休人员往往会给继承人留下一大笔钱。根据美国智能投顾平台的一项研究,60多岁去世的退休人员平均留下的净财富为29.6万美元,70多岁的为31.3万美元,80多岁的为31.5万美元,90多岁的为23.8万美元。[13]

这一数据表明,对退休人员来说,担心退休后花光钱比实际花光钱的威胁更大。当然,未来退休人员的财富和收入可能会比现在的退休人员少得多,但数据似乎也不支持这一点。

例如,根据美联储的财富统计数据,千禧一代的人均财富与X一代大致相当,X一代经通胀调整后的人均财富与同龄的婴儿潮一代大致相同。[14]

如图1.1所示,随着时间的推移,这几代人的人均财富似乎都遵循类似的轨迹。

这表明,总体而言,千禧一代积累财富的速度并不比前几代人慢。是的,千禧一代的财富分配存在问题,一些人负债较多,但总体情况并不像媒体通常描绘的那么可怕。

在社会保障方面,情况也不像看起来那么惨淡。尽管77%的工人认为他们退休时没有社会保障,但福利被完全取消似乎也不太可能。[15]

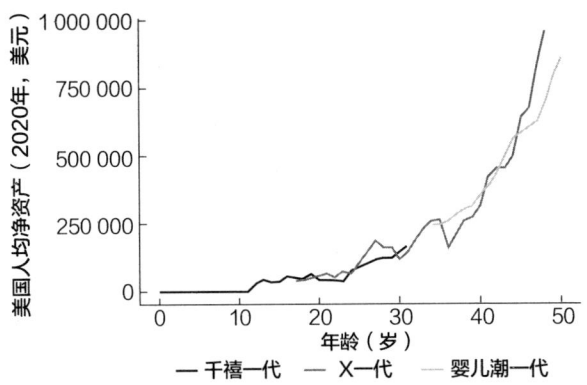

图 1.1　按年龄和代际分列的美国人均净资产（经通胀调整后）

2020 年 4 月，关于美国社会保障信托基金状况的精算报告得出的结论是，该信托基金即使在 2035 年左右将钱用光，也有足够的收入支付"79% 的福利待遇"。[16]

这意味着，如果美国保持目前的政策，未来的退休人员仍将获得 80% 左右的退休待遇。这一结果并不理想，但比许多人预想的要好得多。

根据实证研究，对现在和未来的退休人员来说，钱被花光的风险仍然很低。这就是为什么你需要存的钱可能比你想象的要少。再加上尽你所能地存钱，这就构成了"你应该存多少钱？"这个问题的两个重要答案。

然而，对于那些需要存更多的钱的人，我们将进入下一章。

第二章
如何存更多钱

个人理财中最大的谎言

公共卫生领域的传统观点是，西方世界日益增长的肥胖主要归因于两个要素：饮食不当和缺乏锻炼。该理论认为，除了摄入高热量食物，我们坐在办公桌前燃烧的卡路里也比我们的祖先在狩猎和觅食时燃烧的卡路里要少。

但是，当人类学家研究居住在坦桑尼亚北部以狩猎采集为生的哈扎部落的日常能量消耗时，他们为自己的发现感到震惊。是的，哈扎人的体力活动比典型的西方人多得多。男人捕猎大型动物、砍伐树木，女人寻找食物、在布满岩石的土壤中挖掘，他们的生活方式相当耗体力。

然而，这种体力消耗并没有转化为更多的能量消耗。事实上，不考虑体型因素，哈扎人燃烧的卡路里与美国和欧洲那些久坐不动的人大致相同。[17]

这项研究表明，随着时间的推移，人体会根据身体活动调整其总能量消耗。所以，如果你决定每天跑两公里，一开始你会燃烧更多的卡路里，但随后情况就会稳定下来。你的身体最终会适应身体活动的这种变化，并相应地调整能量消耗。

科学文献几十年前就记载了这种适应性。例如，一项对1966—2000年所有关于运动和减肥的研究发现，增加体育活动确实能在短期内消耗更多的脂肪。然而，"当回顾长期研究结果时，并没有发现二者的这种关系"[18]。

这表明，尽管运动对健康有许多益处，但它对减肥的作用似乎受到人类进化的限制。虽然体育活动对体重有一定的影响，但饮食的改变似乎更重要。

类似于减肥界的节食与运动之争，个人理财界也存在关于如何存更多钱的两派之争。一派认为应该专注于控制支出，而另一派则声称应该努力增加收入。

例如，控制支出派可能会声称，在家里煮咖啡（而不是在星巴克买咖啡）可以在一生中为你节省高达100万美元的金钱。另一方面，增加收入派可能会争辩说，通过副业赚取额外收入要比质疑你的每一个消费决定容易得多。

从理论上讲，双方的观点都没错。回到前一章的等式，储蓄的定义是：

储蓄 = 收入 – 支出

因此，为了增加储蓄，要么增加收入，要么减少支出，或者两者都要。

是不是其中一方的观点更正确呢?

数据表明是的。就像运动对减肥的影响一样,想要存更多的钱,削减开支也有内在的局限性。

为了说明这一点,让我们来看看消费者支出调查。该调查总结了美国家庭在各种不同类别上的支出。在将这些数据根据收入分成五组后,我们可以看到,削减开支并不是帮助许多美国家庭省钱的可行选择。

例如,你可以看看收入最低的 20% 的家庭在食品、住房、医疗和交通上的花费,很明显,他们的收入甚至不足以满足生活的基本需求(见图 2.1)。

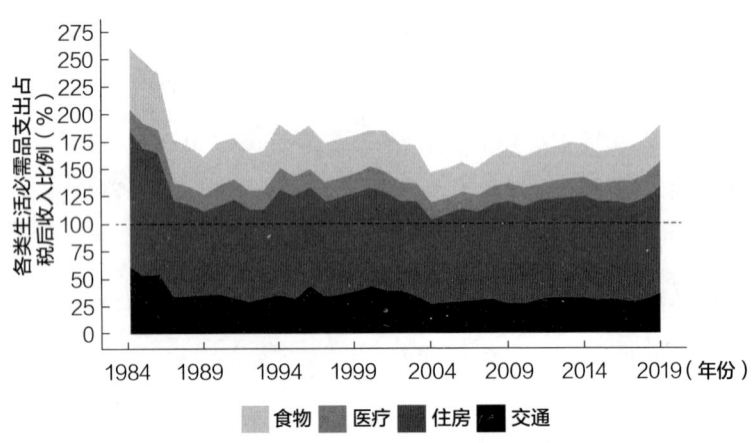

图 2.1 收入最低的 20% 的家庭在生活必需品上的支出情况

自 1984 年以来,收入最低的 20% 的家庭在这四个方面的支出一直超过他们的税后收入。请注意,这还不包括教育、服装或任何形式的娱乐支出。仅仅是生活必需品就把他们的薪水用光了。

2019年美国收入最低的20%的家庭平均税后年收入为12 236美元，这些家庭每月只能支出大约1 020美元。然而，在2019年，他们在食品、医疗、住房和交通上的平均月支出为1 947美元。

如果按类别划分，我们会看到他们每个月的花费如下：

- 食品：367美元
- 医疗：238美元
- 住房：960美元
- 交通：382美元

你觉得哪项数字过高，他们在哪些方面可以合理削减呢？坦白地说，我看不出有多少调整的余地。

请记住，这些家庭每月只挣1 020美元，而每月却要花费1 947美元（平均）。这意味着，为了省钱，他们需要把开支削减一半！这对我来说似乎不现实，尤其是考虑到他们的支出水平已经很低了。

但这一逻辑也适用于其他收入水平的家庭。例如，如果观察随后20%的美国家庭（第20至第40百分位），我们也会看到类似的情况（见图2.2）。

虽然这些家庭在2019年的平均税后年收入为32 945美元，

几乎是收入最低的 20% 的家庭的 3 倍，但他们也几乎把所有收入都花在了生活必需品上。

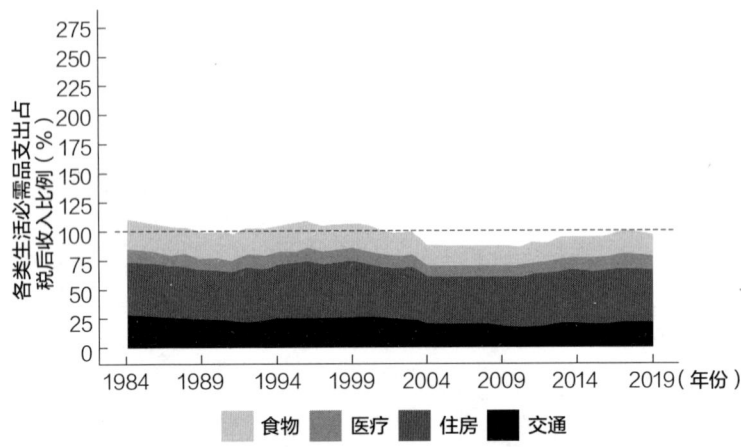

图 2.2 接下来的 20% 做得更好，但也没有好很多，收入在第 20 至第 40 百分位的家庭在生活必需品上的支出情况

同样，基本生活开支消耗了他们大部分的薪水。然而，当我们观察这些家庭的绝对支出水平时，端倪开始出现。

虽然收入在第 20 至第 40 百分位的家庭的平均收入是收入最低的 20% 的家庭的近两倍，但他们的总支出只是收入最低的 20% 的家庭的 140%。这说明了削减支出与提高收入之争中的一个关键点：

收入的增加并没有带来相应的支出增加。

当然，你可能认识一些收入很高却把钱都花光的人。确实有这样的人。重要的一点是，数据表明，这些人是例外。总体而言，高收入家庭的支出占收入的比例低于低收入家庭。

在调查美国收入最高的 20% 的家庭时，我们可以清楚地看到这一点（见图 2.3）。2019 年，这些家庭的平均税后年收入为 174 777 美元，但在食品、医疗、住房和交通等必需品上的支出仅为收入的一半左右。

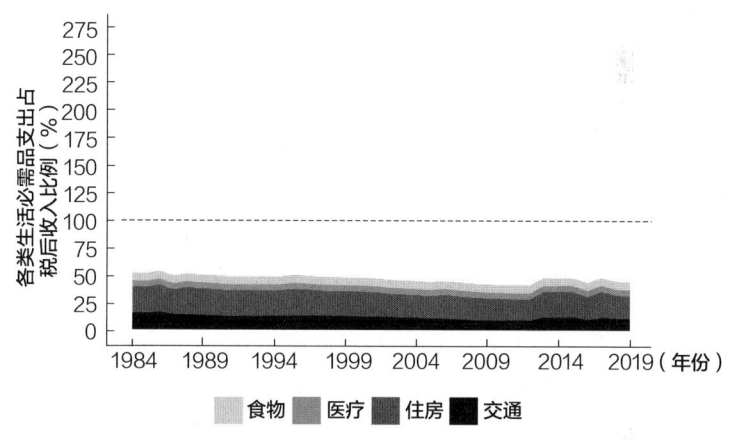

图 2.3 收入最高的 20% 的家庭在生活必需品上的支出情况

与收入最低的 20% 的家庭相比，收入最高的 20% 的家庭在生活必需品上的支出是其 3.3 倍，但税后收入却是其 14 倍以上！

为什么支出没有随着收入成比例地增加呢？因为经济学上有一个理论叫边际效用递减。这是一个术语，但它的意思很简单，它意味着每增加一单位消费所带来的效用都比前一单位带来的效用小。

我称之为胃口法则。

想象一下，你很饿，非常想吃比萨。吃第一块时你肯定会非常爽。从第一口开始，你将体验到一种味觉的爆发，它将直接向你的大脑发送愉快的信号。和不吃比萨相比，吃一块感觉超棒。

然后你继续吃第二块。是的，吃第二块感觉仍然很好，但肯定不如吃第一块的感觉好。吃第三块也是如此，以此类推。

每多吃一块，你的快乐就会比吃前一块时少一点儿。而且到了某个时点你会吃得很饱，再吃一块比萨实际上会让你感觉更糟。

当涉及花钱时，同样的事情也会发生。即使你的收入增加了 10 倍，你也不太可能因此在食品、住房或其他必需品上多花 10 倍的钱。虽然你可能会提高食物和住房的品质，但不太可能花 10 倍以上的钱。

这就是为什么高收入家庭更容易存钱——相对于他们的收入，他们在生活必需品上的支出占其收入的比例比低收入家庭要低。

然而，大多数主流财经媒体不会承认这一点。相反，他们继续讲述着如何增加储蓄和致富的谎言。

个人理财中最大的谎言

阅读个人理财文章，你会发现有很多关于如何致富或提前退休的建议。这些文章会讨论拥有正确的心态，设定目标，并遵循一个系统，但它们不会告诉你，作者是如何真正致富的。

因为如果深入研究这些文章，你会发现，他们真正致富的方式是高收入或低得离谱的支出，或者两者兼而有之。

是的，如果你住在拖车里，你可以在 35 岁退休。

是的，如果你做了 10 年以上的投资银行家，你可以变得富有。

但是，不，仅靠心态是无法完成这两项任务的。事实上，世界上所有的消费追踪和目标设定都无法弥补资金上的不足。

在研究了上述消费者支出调查之后，我很难提出相反的观点。是的，一定比例的美国家庭没有知识、习惯或心智来改善他们的财务状况。你可能会想到自己的生活中也有一些这样的人。

但是，还是那句话，这些人是例外，而不是大多数。虽然有很多人因为自己的行为而陷入财务困境，但也有很多人有着良好的理财习惯——他们只是没有足够的收入来改善自己的财务状况。

来自世界各地的实证研究已经无可置疑地证明了这一点。例如，伦敦经济学院的研究人员发表的一篇题为《为什么人们一直贫穷？》的论文，阐述了缺乏初始财富（而不是动力或天赋）是如何使人们陷入贫困的。

研究人员通过给孟加拉国的农村女性随机分配财富（例如以牲畜的形式）来验证这一假设，然后等着看财富转移会如何影响她们未来的财务状况。正如相关论文所述：

（我们）发现，如果该计划使个人的初始资产超过一个阈值，她们就可以摆脱贫困，但如果没有达到这个阈值，她们就会再次陷入贫困……我们的研究结果表明，大额一次性财务支持如果使人们能够从事生产力更强的职业，将有助于缓解持续贫困。[19]

这篇论文清楚地说明，许多穷人之所以贫穷，不是因为他们的才华或动机，而是因为他们从事低薪工作——他们必须工作才能生存。

从本质上讲，他们陷入了贫困陷阱。在这个贫困陷阱里，缺钱使他们无法通过接受培训或获得资本从事高薪工作。你可能对这一观点持怀疑态度，但在肯尼亚进行随机财富分配实验的研究人员也发现了类似的情况。[20]

这就是为什么说"如果削减开支，你就能变得富有"是个人理财领域最大的谎言。

财经媒体告诉你不要每天花5美元买咖啡，这样你就有可能成为百万富翁，从而助推了这个谎言的传播。

然而，这些专家却忘记了这一点：只有在你的投资年化收益率达到12%（远高于市场平均8%~10%的年化收益率）的情况下，这才有可能实现。

即使你能获得12%的年化收益率，你也需要将资金全部投入股市并持有几十年。这说起来容易，做起来很难。

同样的财经媒体还报道人们如何通过自己制作洗洁精或重复使用牙线来省钱。真正让我感到不安的是，这些例子居然被吹捧为缩减开支可以致富的证据。

这些帖子的作者可能会说："你财务不自由是因为你一直在买汰渍洗衣凝珠！"想想这句话对普通家庭来说是多么居高临下！

你已经看出他们在对我们耍什么花招儿了。他们将这些非常规情况视为常规情况。然而，事实并非如此。

最具持续性的致富方法是增加收入，并投资创收资产。

这并不意味着你可以完全忽略你的支出。每个人都应该定期梳理自己的支出，以确保没有浪费（例如，已经忘了的订阅服务、不必要的奢侈品等）。但你没必要控制自己少买咖啡。

如果你想存更多的钱，那么你可以在你能省的地方省一省，然后重点是，专注于增加你的收入。

如何增加收入

我或许是第一个承认增加收入（至少在初始阶段）比削减

开支困难得多的人。如果你想要一个可持续的方式来节省更多的钱、积累财富，这是唯一的选择。

增加收入最好的方法就是找到能够将你的内在财务价值变现的方式。这里我将探讨人力资本的概念，或者说你的技能、知识和时间的价值。人力资本可以被认为是一种可以转化为金融资本（金钱）的资产。

将人力资本转化为金融资本的好方法有哪些？以下是五个你应该考虑的方法：

1. 出售时间和专业知识
2. 出售技能/服务
3. 教学
4. 销售产品
5. 公司内部晋升

每种方法都有其优缺点，我们将在接下来的章节中讨论，但它们都可以用来增加你的收入。

1. 出售时间和专业知识

俗话说，时间就是金钱。因此，如果你想挣更多的钱，可以考虑出售更多的时间或专业知识。

有很多方法可以做到这一点，但我建议你先研究一下，看看你的技能在哪里发挥得最好。一开始你可能挣不到很多钱，但随着专业技能的提高，你可以收取更高的费用。

出售时间唯一的缺点是无法规模化。一小时的工作永远等于一小时的收入。仅此而已。因此，只靠出售时间，你永远不会变得非常富有。

出售自己的时间并没有错，但最终你会希望有不靠工作的收入。我们将很快讨论这个问题。

总结
- **优点**：容易做。启动成本低。
- **缺点**：时间有限。无法规模化。

2. 出售技能 / 服务

既然我们已经讨论了出售时间，这自然就涉及出售技能或服务。出售一项技能或服务是指开发一项有市场价值的技能，然后通过平台（比如在线平台）出售。

例如，你可以在广告分类网站 Craigslist 上为你的摄影服务做广告，或者在综合类外包平台 Upwork 这样的网站上做平面设计工作。每天有数百种有市场价值的技能在网上交易，这只是其中的两个例子。

与出售时间相比，出售一项技能或服务能给你带来更多的收入。如果你能为自己的技能或服务创立一个品牌，并收取更高的价格，你就能获得更多的收入。

然而，就像出售时间一样，出售技能或服务是很难规模化的。你必须为每一项服务付出相应的劳动。当然，你可以雇用其他有类似技能的人帮助你工作，但这会使事情变得更复杂。

总结
- 优点：薪水更高。能够创立一个品牌。
- 缺点：需要投入时间来开发有市场价值的技能/服务。不容易规模化。

3. 教学

亚里士多德说过："知道的，就去做。懂得的，就去教。"

教学（尤其是在线教学）是获得可观收入的最佳途径之一。无论你是选择通过优兔还是 Teachable 这样的学习平台，教人一些有用的东西都是增加收入的好方法。

在线教学既可以是自定进度的录制课程，也可以是基于社群的在线课程。虽然录制课程的受众规模更大，但无法收取在线课程那么高的费用。

你能教什么呢？任何人们愿意花钱学习的东西，写作、编程、修图等等。

教学的美妙之处在于，你还可以围绕授课内容创立一个品牌，并长期运营。不幸的是，这也是在线教学的难点之一。除非你是在一个小众领域，否则市面上会有很多竞争者。为了与他们竞争，你需要找到一种脱颖而出的方法。

总结

- **优点**：易于规模化。
- **缺点**：竞争激烈。吸引生源可能是一场持久战。

4. 销售产品

如果你不适合教人，你可以考虑做一个对他人有益的产品。要做到这一点，最好的方法是发现问题，然后打造一个产品来解决它。

这个问题可能是情绪上的、精神上的、身体上的，也可能是经济上的。无论你决定做什么，通过产品解决问题都能帮助你创造可规模化的价值。

为什么？因为只要打造出一款产品，你就可以想卖多少次就卖多少次。对那些可以在网上无限次销售而无须额外成本的数字产品来说，情况尤其如此。

不幸的是，打造一个产品前期需要大量投资，还需要更多的努力把它推向市场。

做产品并不容易，但如果你能找到人们喜欢的产品，你就可以从中赚取长期收入。

总结

- **优点**：可规模化。
- **缺点**：需要前期大量投资和持续营销。

5. 公司内部晋升

在所有增加收入的路径中，公司内部晋升是最常见的，也是最不受待见的。人们普遍认为，朝九晚五地为他人工作在某种程度上不如自己创业或做副业有价值。

但是，如果你看一下数据，朝九晚五仍然是大多数人积累财富的方式。事实上，许多美国人是通过专业学位（如医学、法学等）成为百万富翁的。正如《邻家的百万富翁》一书对20世纪90年代末一群百万富翁的研究所述：

作为一个群体，（百万富翁们）都受过良好的教育。只有1/5的人不是大学生。他们中的许多人拥有高等学位。18%的人有硕士学位，6%的人有博士学位，8%的人有法学学位，6%的人有医学学位。[21]

百万富翁不仅更有可能走传统的教育和职业道路，而且他们不会一夜之间成为百万富翁。事实上，一个典型的白手起家的百万富翁需要32年才能完成他们的财富积累。[22]

这就是为什么我支持通过传统的职业道路增加收入，尤其是对那些年轻或缺乏经验的人来说。虽然朝九晚五的工作很难让你变得非常富有，但学习如何与人相处并培养职业技能非常有利于自身的职业发展。

即使最终你能自立门户，往往最初也是从员工起步的。这就解释了为什么企业家的平均年龄是40岁。[23]到了40岁，你有两样东西是大多数 22 岁的人不具备的——经验和资金。这些经验和资金从何而来？来自传统的职业，很可能是为别人打工。

总结
- **优点**：可以获取技能和经验。收入增长的波动风险较小。
- **缺点**：你无法控制自己的时间和所做的事情。

———

不管你将来如何努力增加收入，以上所有的方法都应该是临时的。我说临时是因为，最终，你的额外收入应该用来增加更多的创收资产。

这样才能真正增加储蓄。

为了存更多的钱，你应该像老板一样思考

猜猜谁是史上最富有的美国职业橄榄球大联盟（NFL）球员？是汤姆·布雷迪吗？还是佩顿·曼宁？或是约翰·麦登？都不是。

是一个叫杰瑞·理查森的人。你可能从未听说过他。但他是唯一一个在美国职业橄榄球大联盟打球的亿万富翁。

理查森是怎么赚钱的？不是通过打球。

理查森是一个很好的球员。他所在的球队1959年赢得了美国职业橄榄球大联盟的冠军。但他的大部分财富是通过在美国各地开设哈迪快餐连锁店积累起来的。最终，他积累了足够的资本，在1993年创办了卡罗莱纳黑豹队。

使理查森暴富的不是他的劳动收入，而是他对企业的所有权。

我希望你用同样的思路来增加收入。是的，出售时间、技能或产品都是很好的选择，但它们不应该是最终目标。

最终目标应该是所有权——用你的额外收入来获得更多的创收资产。

无论是投资自己的企业还是别人的企业，你都需要将人力资本转化为金融资本，以积累长期财富。

如果想这样做，你就需要像老板一样思考。

我们已经讨论了如何能存更多的钱，接下来我们将把注意力转向如何让花钱没有负罪感。

第三章
如何让花钱没有负罪感

两倍法则和效用最大化

我一个最好的朋友在南美留学时说，他的同学詹姆斯（化名）对价格没有概念。起初，我对朋友的说法感到困惑："对价格没有概念是什么意思？"我的朋友解释道：

当坐在餐馆里打开菜单时，你可能会注意到两件事。首先，你要看看餐厅提供哪些食物。其次，你也会注意到这些食物的价格。也许一个开胃菜和另一个开胃菜之间的价格差异不会影响你最终吃什么，但至少你得承认二者的价格还是有差异的。

要知道你对价格是否有概念，最简单的方法就是想象一下，如果坐在一家菜单上没有价格的餐馆里，你会有什么感觉。

我的朋友接着解释说，他的同学詹姆斯没有这样的概念。但是，詹姆斯有他父亲的信用卡。

晚餐？詹姆斯已经付钱了。俱乐部会员卡？算在詹姆斯的账上。喝酒？詹姆斯请。有一次，詹姆斯甚至想通过他的卫星电话租一架直升机来营救那些在夜间徒步前往马丘比丘时迷路的人。好在团队中的其他人说服了詹姆斯，他们重新调整方向，毫发无损地完成了徒步旅行。

詹姆斯就是一个花钱没有负罪感的例子。然而，我也看到了消费习惯的另一面。

我曾经在旧金山有一个叫丹尼斯（化名）的同事，他在节俭方面就做得有点儿过头了。为了省钱，丹尼斯经常做的一件事就是在优步上做手脚，试图避免可怕的高峰价格。

不知道你们还记不记得，优步早期并不显示具体的车费，而是显示高峰指标和预估车费。因此，2X意味着车费是正常情况下的两倍，以此类推。优步曾经做的另一件事是要求你在应用程序中标注你的定位。这个定位会告诉司机你在哪里，但它也决定了最高价格。

丹尼斯不知怎么发现了应用程序中的一个小漏洞。他把定位设置在一个低价格区域，锁定价格，然后把它移回自己的实际位置，让司机来接。丹尼斯向我们展示了他是如何把定位设置在旧金山湾区中央（那里从来没有交通高峰），然后移回他所在的实际位置的。他每次能节省5~10美元。

我仍然不知道他是如何发现优步早期系统中的这个漏洞的，但我警告过他，优步会解决这个问题。果然如此。

2015年新年前夜，丹尼斯在凌晨2点喝醉酒想搭车回家时，尝试更改定位。高峰价格显示是正常车费的8.9倍，他不想支付。然而，他的小伎俩失败了。

第二天，他收到了264美元的账单。我之所以知道，是因为他在花了数周时间与这笔费用做斗争后，最终告诉了整个办公室的人"优步是如何宰了他的"。

詹姆斯和丹尼斯的例子说明了人们在花钱时可能会走向两个极端。不幸的是，这两种方式都不理想。詹姆斯虽然花钱毫不内疚，但他做得太轻率了。丹尼斯虽然把钱管理得很好，但每次花钱他都很焦虑。

不幸的是，在个人理财领域，大多数人会支持丹尼斯而不是詹姆斯。无论他们强调的是减少支出还是增加收入，他们的方法通常都是基于一件事——内疚。

苏茜·欧曼告诉你，买咖啡就等于"喝掉了100万美元"，加里·维纳查克问你工作是否已经足够努力。主流的理财建议总是质疑你的决策。[24]

你应该买那辆车吗？

那些漂亮的衣服怎么样？

每天一杯拿铁怎么样？

内疚，内疚，内疚。

这种建议会迫使你不断地怀疑自己，并在花钱时产生焦虑。拥有再多的钱也不能轻易解决这个问题。伊利诺伊州莱克福里斯特的市场调研公司 Spectrem Group 在2017年的一项调查中发现，资产在500万美元至2500万美元之间的投资者，有20%的人担心自己是否有足够的钱来度过退休生活。[25]

你不应该这样生活。是的，钱很重要，但你不应该一看到价格标签就惊慌失措。如果你曾经纠结在有足够资金的情况下是否可以买某样东西，那么问题不在于你，而在于你看待消费的角度。

你需要的是一种新的看待消费的角度，这样你就可以毫无顾虑地做出财务决定。为了做到这一点，我推荐两个小窍门，将它们结合使用，你会在花钱时完全没有内疚感。它们是：

1. 两倍法则。
2. 专注于长期满足感最大化。

1.两倍法则

第一个小窍门就是我所说的两倍法则。两倍法则是这样的：每当我想在某件东西上"挥霍"时，我都必须拿出等量的现金进行投资。

所以，如果我想买一双400美元的皮鞋，我就必须买价值400美元的股票（或其他创收资产）。这会让我重新评估我到底有多想要这件东西，因为如果我不愿意为它省两倍的钱，我就不会买它。

我喜欢这个原则，因为它消除了疯狂购物给我带来的内疚感。因为知道自己的消费会伴随着同等规模的创收资产，所以我从不担心自己会过度挥霍。

那么花多少钱才算挥霍呢？

这因人因时而异。不管买什么，都要根据自己的实际情况来消费。举个例子，当我 22 岁的时候（那时我的财富要少得多），花 100 美元买一件非必需品对我来说是一种挥霍。而如今这个数字可能接近 400 美元。

然而，具体的金额无关紧要。重要的是你在考虑是否买这件东西时的感觉。无论你是花 10 美元还是 1 万美元，你都可以用两倍法则来克服内疚感，享受财富。

更重要的是，在不投资的情况下，两倍法则同样有效。例如，如果你买了价值 200 美元的东西，你可以同时向慈善机构捐赠 200 美元，这同样会让你不必感到内疚。

你花在自己身上的每一大笔钱都可以用来做慈善，用于有价值的事业。这不仅能让你帮助别人，而且能让你在放纵自己时不会感到难过。

无论你如何使用两倍法则，这个简单的小窍门都可以帮助你消除内疚感。

2.专注于长期满足感最大化

我放心花钱的第二个小窍门是专注于长期满足感的最大化。请注意，我说的是满足，而不是幸福。这个差别很重要。

例如，跑马拉松可能是一种充实的体验，尽管它不一定是一种快乐的体验。完成马拉松所需的努力和艰辛通常不会带来过程中每时每刻的幸福感，但它可以在比赛结束后带来深深的成就感和满足感。

这并不是说幸福不重要。当然重要。《快乐的金钱：快乐消费的科学》一书的作者发现，以下花钱方式最有可能增加你的整体幸福感：[26]

- 购买体验
- 犒劳自己（偶尔）
- 购买额外时间
- 预付费用（例如全包假期）
- 为别人花钱

在上述方面，拥有（和花费）更多的钱通常意味着更幸福。

然而，即使是这些很棒的建议也不是万能的。你可以购买最好的体验，让自己拥有世界上所有的自由时间，但这并不能保证你会满足。

那么，什么可以增加满足感呢？

这不是一个容易回答的问题。丹尼尔·平克在《驱动力》一书中提出了一个理解人类动机的框架，为我们提供了一个很好的切入点。平克讨论了为什么说自主（自我指导）、精通

（提高技能）和目标（连接到比自己更大的东西）是人类动机和满足感的关键组成部分。[27]

这种分类方式也是决定如何花钱的有用的过滤器。例如，每天买一杯咖啡似乎没有必要，除非那杯咖啡能让你在工作时表现最佳。

如果每天的咖啡可以提高你对职业的掌控程度，在这种情况下，钱就花得值。你可以用同样的逻辑来解释购买的合理性，这也可以增强你的自主性或使命感。

最终，你的钱应该用来创造你想要的生活。这才是重点。因此，困难不在于花钱，而是弄清楚你真正想从生活中得到什么。

你关心什么样的事情？

你希望避免什么情况？

你想在世界上推广什么价值观？

一旦你弄清楚了，花钱就会变得更容易，也更享受。关键是要关注购买什么东西，而不是购买本身。

毕竟，让你感到内疚的不是购物本身，而是你在头脑中无法为购物正名。如果没有一个好的理由去买东西，那么你以后可能会觉得很糟糕。你可以随心所欲地欺骗自己，但在内心深处，你知道真相。

解决这个问题最简单的方法就是问问自己，你所购买的东西是否能给你带来长期的满足感。如果答案是"是"，那么就购买吧，不要再从心理上打击自己。但如果答案是"不"，那么你需要果断放弃，因为你的钱在其他领域会有更好的用途。

唯一正确的花钱方式

适合自己的花钱方式才是唯一正确的花钱方式。我知道这听起来就是陈词滥调，但它也是有数据支持的。

剑桥大学的研究人员发现，购买更符合自己心理特征的商品能带来更高的生活满意度。并且，这对幸福的影响比个人总收入更大。[28]

这项研究表明，你的个性可能决定了你喜欢花钱的地方。如果是这样，那么你可能需要重新审视那些关于最佳支出的常见建议。

例如，有充分的证据表明，与购买物质产品相比，购买体验能使人更幸福。[29]然而，如果这只适用于一小部分人群（例如外向者）呢？如果真是这样，那么我们的消费建议是基于对世界上60%~75%的外向者的观察而提出的，而内向者则会感到沮丧。

这就是为什么你必须超越研究，找到最适合自己的花钱方法。只有预测出什么能让你更快乐，你才能科学精确地花钱。

最终，你必须弄清楚自己想从生活中得到什么。一旦弄清楚了，你就能相应地花钱。否则，你可能永远活在别人的梦想中，而不是自己的梦想中。

既然我们已经讨论了一些让花钱不内疚的小窍门，让我们继续讨论如何正确地利用加薪。

第四章
你可以接受生活方式多大程度上的改变

为什么比你想象的程度要大得多

那是1877年1月4日,一位世界首富刚刚去世。科尼利尔斯·范德比尔特作为铁路和运输先驱,生前积累的财富超过1亿美元。

这位海军准将认为,拆分家族财富会导致破产,所以他把大部分财富(9 500万美元)留给了儿子威廉·范德比尔特。在他立下这一遗嘱时,9 500万美元比美国财政部持有的资金还要多。

事实证明,他的决定是正确的。在接下来的9年里,威廉通过妥善管理家族的铁路业务,将父亲的财富增加了一倍,达到近2亿美元。经通胀调整后,范德比尔特家族的2亿美元在2017年的价值约为50亿美元。

然而,1885年底,威廉的去世埋下了祸根,最终导致了范德比尔特家族财富的覆灭。之后的20年里,这个家族没有一个人跻身美国富豪之列。事实上,"1973年,当海军准将的

120名后裔聚集在范德比尔特大学举行第一次家庭聚会时，他们中没有一个是百万富翁"[30]。

是什么导致了范德比尔特家族财富的崩溃？主要是生活方式等方方面面的改变。

生活方式的改变是指人们随着收入的增加相应地增加了支出，或向同阶层的人看齐。

对范德比尔特家族的人来说，这意味着在马背上用餐、抽顶级香烟、住纽约最奢华的豪宅——这些都只是为了比肩曼哈顿的其他社会名流。虽然你的生活方式可能不像范德比尔特家族那样奢侈，但他们的故事说明了随着时间的推移增加支出是多么容易，特别是在你的收入增加后。

例如，想象一下你刚刚在工作中获得了加薪，现在你想出去庆祝一下。毕竟你努力工作了，你应该得到一些好东西，对吧？也许你想要一辆新车，一个更好的住所，或者你只是想经常出去吃饭。不管你决定用增加的薪水做什么，你都已经成为生活方式改变的受害者。

虽然许多个人理财专家会告诉你要不惜一切代价避免生活方式的改变，但我并不这样认为。事实上，我相信生活方式的少许"腐化"可以是令人振奋的。毕竟，如果你不能享受你的劳动成果，那么努力工作有什么意义呢？

但是，界限在哪里呢？你能承受生活方式多大程度的"腐化"呢？一般来说，这取决于个人的储蓄率，但对大多数人来说，答案是50%左右。

一旦被花掉的部分超过加薪的 50%，你就要推迟退休时间了。

收入增加而储蓄不足会让你推迟退休时间，这听起来可能很奇怪，但我将证明为什么确实是这样。事实上，与储蓄率较低的人相比，储蓄率较高的人必须将未来加薪的更大比例（如果他们想在既定的时间退休）存起来。

一旦你理解了为什么会出现这种情况，那么以上 50% 的限制就更有意义了。

为什么高储蓄者需要把更多的加薪存起来

首先，考虑两个不同的投资者：安妮和鲍比。两人的税后年收入都是 10 万美元。然而，他们每年储蓄的金额不同。安妮每年将税后收入的 50%（5 万美元）存起来，而鲍比只存 10%（1 万美元）。显然，这意味着安妮每年花 5 万美元，鲍比花 9 万美元。

我们假设安妮和鲍比都希望退休后和工作时花一样多的钱（维持原有生活水平），那么安妮退休时需要的钱将比鲍比少，因为她的日常花销更少。

如果我们还假设每个投资者需要其年度支出的 25 倍的储蓄才能舒适地退休，那么安妮需要 125 万美元，而鲍比需要 225 万美元。（在第八章，我们将讨论为什么 25 倍年度支出的储蓄目标可以使人获得舒适的退休生活。)

假设年实际收益率为 4%，收入/储蓄率没有变化，安妮将能够在 18 年后退休，而鲍比将需要 59 年。请注意，需要 59 年才能退休对大多数人来说是不现实的，所以如果他想在更合理的时间退休，他必须提高储蓄率。

现在，让我们进入 10 年后的未来。经过 10 年的储蓄（经通胀调整后的年收益率为 4%），安妮将积累 600 305 美元，而鲍比将有 120 061 美元。他们都还在按计划退休（安妮将在 8 年后退休，鲍比将在 49 年后退休）。

但是，现在我们假设他们都获得了每年 10 万美元的加薪，他们的年收入增加到每年 20 万美元（税后）。如果安妮和鲍比想按原来的计划退休，他们应该存多少钱？

你可能会想，"就以他们原来的储蓄率储蓄吧"，对吗？但如果安妮将加薪的 50% 存起来，鲍比将加薪的 10% 存起来，这实际上会推迟他们的退休时间。

为什么？因为他们制定退休目标时没有考虑到他们因加薪而增加的支出。

如果安妮现在每年挣 20 万美元，并把其中的 50%（10 万美元）存起来，显然，她每年会花掉其余的 50%（10 万美元）。加薪后，她的支出从 5 万美元翻了一番，达到 10 万美元，如果安妮想保持她新的生活方式，她的退休支出也必须翻一番。

这意味着安妮现在需要 250 万美元才能退休，而不是她最初的 125 万美元。然而，由于安妮在之前的 10 年里是按照

125万美元的退休目标存钱的，因此她不得不工作更长时间，以弥补过去较低的储蓄水平。

凭借600 305美元的投资和每年10万美元的加薪后储蓄（4%的年收益率），安妮将在12年内实现250万美元的退休目标，而不是她最初的8年。改变了的生活方式将推迟她的退休时间。这就是为什么生活方式过度腐化可能是危险的。重要的是它对你一生支出的影响。

如果安妮想按照原来的计划退休，她每年的支出应低于10万美元。这意味着她新增的储蓄必须超过加薪的50%。事实上，安妮需要将她加薪的74%（74 000美元）存起来，才能如期在8年内退休。因此，安妮每年需要储蓄124 000美元（原始储蓄50 000美元+加薪后的74 000美元），直到退休。

由于安妮每年储蓄124 000万美元，因此接下来每年将花费76 000万美元。在这个支出水平上，安妮的退休目标将是190万美元，而不是250万美元。

那鲍比呢？如果他想在获得10万美元的加薪后在49年内如期退休，他将需要每年额外储蓄14 800美元，即他加薪的14.8%。这使得他每年的支出为175 200美元，退休目标为438万美元。他仍然需要49年才能退休。

正如我上面提到的，存59年的钱是不现实的。因此，如果鲍比想在一个更合理的时间退休，他应该将他加薪的50%（或更多）存下来。我将在下一节解释为什么要这样。

更重要的是，这个思想实验证明了为什么高储蓄者如果想保持退休日期不变，就必须提高加薪的储蓄比例（与低储蓄者相比）。这就是为什么安妮（高储蓄者）必须把她加薪的74%存起来，而鲍比（低储蓄者）只需要把他加薪的14.8%存起来，就可以按计划退休了。

虽然这个思想实验在上述案例中是有用的，但它没法告诉你到底应该将加薪的多少存起来。由于大多数人一般会在他们的职业生涯中获得多次小额加薪（而不是一次大额加薪），因此我们如果希望实验更准确，应该模拟多次小额加薪的影响。

下一节将模拟多次小额加薪的影响，并对应该节省多少加薪提供一个精确的衡量标准。

加薪应该存下多少

年收益率、收入水平和收入增长率的差异远没有那么重要。在测试了所有这些东西后，我发现储蓄率是最重要的。决定你加薪储蓄率（以如期退休）最重要的因素就是当前的储蓄率。

因此，我创建了以下表格（表4.1），根据你当前的储蓄率，显示你还需要将加薪的多少存下来才能如期退休。该分析假设需要存储25倍的年度支出才能退休，每年获得3%的加薪，投资组合每年增长4%（均经通胀调整后计算）。

表4.1 储蓄率与如期退休所需储存的加薪比例

初始储蓄率	加薪的多少比例需要存下来
5%	27%
10%	36%
15%	43%
20%	48%
25%	53%
30%	59%
35%	63%
40%	66%
45%	70%
50%	76%
55%	77%
60%	79%

例如，如果你现在每年的储蓄率为10%并获得加薪，那么你还需将加薪（以及随后的每次加薪）的36%存下来，才能如期退休。如果你现在的储蓄率为20%，那么你还需要将加薪的48%存下来。如果你现在的储蓄率为30%，那么你还需要将加薪的59%存下来，以此类推。

这也正好说明，一些生活方式的改变是可以的！对现在将收入的20%存下来的人来说，他们可以在按原计划退休的情况下花掉未来加薪的一半。当然，如果他们花的钱不到未来加薪的一半，他们可以更早退休，这取决于他们个人。

与直觉相反，当前的储蓄率越低，生活方式的改变就越不容易影响当前的退休计划。为什么？因为显然，储蓄少，花费就多。

因此，当这些低储蓄者获得加薪并决定花掉其中的一部分时，他们的总支出（以百分比为基础）变化小于获得相同加薪并花掉相同百分比的高储蓄者。加薪带来的支出的变化对高储蓄者的影响要大于对低储蓄者的影响。

为什么要把加薪的50%存起来

尽管上面展示了所有复杂的理论、假设和分析，我还是建议你把加薪的50%存起来，因为这适用于大多数情况下的大多数人。

如果我们假设绝大多数储蓄者的储蓄率在10%~25%，那么根据我的模拟数据，50%的标准是正确的解决方案。如果你的储蓄率目前低于10%，那么将未来加薪的50%（或更多）存起来将有助于你积累财富。

更重要的是，存下50%的加薪很容易牢记并实现。一半给现在的你，另一半给未来的你（退休后）。

巧合的是，这个想法与我在前一章讨论如何花钱不感到内疚时所写的两倍法则相似。

快速回顾一下，两倍法则的意思是，在购买昂贵的东西之前你应该留出同样金额的现金来购买创收资产。因此，花 400 美元买一双漂亮的皮鞋意味着你还需要向指数基金（或其他创收资产）投资 400 美元。

这相当于 50% 的边际储蓄率，恰好与上面强调的 50% 的生活方式变化完美契合。所以，享受你的加薪吧！但记住，只花 50%。

到目前为止，我们一直在讨论如何花钱。然而，有些支出可能需要花费你没有的钱。

现在让我们来讨论一下你是否应该负债。

第五章
你应该负债吗

为什么信用卡债务并不总是坏事

我想问你一个问题。

在沙漠中,绝大多数开花植物可分为两类:一年生植物和多年生植物。一年生植物是指在一年内生长、繁殖和死亡的植物,而多年生植物是指生命周期在两年以上的植物。

但是生活在沙漠里的一年生植物有一些奇怪的地方,它们每年都有一部分种子不发芽,即使在理想的发芽条件下也是如此。

在我们外人看来,这说不通。毕竟,为什么生长在沙漠这种恶劣环境中的植物不充分利用好的条件呢?

答案与降雨量有关,或者更确切地说,与降雨量不足有关。由于沙漠一年生植物需要足够的湿度条件才能发芽和生长,降雨量便是它们生死存亡的决定因素。然而,在沙漠这样不可预测的环境中,干旱时有发生。

如果一年生沙漠植物的所有种子都发芽了,然后经历了一个漫长的干旱期,所有的后代都会死亡。整个物种就灭绝了。因此,一些种子会处于休眠状态,以应对不确定的未来。

这种行为被称为押注对冲,是一种降低风险的策略,旨在最大限度地提高生物体的长期繁殖成功率。不需要在某一年里最大化地繁殖后代,而是要在漫长的岁月里生生不息。

押注对冲不仅对最大限度地提高长期繁殖成功率的生物体有利,还可以用于决定是否应该负债。

为什么债务(甚至信用卡债务)并不总是坏事

债务,这是一个在《圣经》中就开始争论不休的话题。正如《箴言》(22∶7)中所说:"欠债的是债主的仆人。"

然而,债务总是不好的吗?还是只有某些类型的债务是坏的?答案并没有那么简单。

例如,如果你多年前问我,你是否应该尝试信用卡债务,我会给你和其他所有金融专家一样的答案:"在任何情况下都不行。"

但在花了更多时间研究人们如何利用债务后,我意识到这个建议并不总是正确的。显然,信用卡公司收取的高利率是应该避免的。但我知道你已经知道了。每个人都知道。

然而,你可能不知道信用卡如何帮助一些低收入借款人降低风险。研究人员所说的"信用卡债务之谜"最容易证明这一点——有些人尽管有能力用储蓄偿还债务，仍然选择持有债务。

例如，假设某人的支票账户中有 1 500 美元，同时还有 1 000 美元的信用卡债务。他可以很容易地还清 1 000 美元的债务，并且剩下 500 美元，但他没有这样做。他持有债务的决定似乎是非理性的，但在仔细研究后我们会发现，这只是一种押注对冲的形式。

研究人员奥尔加·戈尔巴乔夫和马利亚·约瑟·卢恩戈-普拉多在分析同时拥有信用卡债务和活期储蓄的人（"借款型储蓄者"）时发现了这一点。他们发现，与其他人相比，这些借款型储蓄者对自身未来获得信贷的能力有不同的看法。[31]

换句话说，既有信用卡债务又有储蓄的人往往会担心他们未来无法获得资金。因此，他们愿意放弃一些短期回报（支付信用卡利息），以降低资金不足的长期风险。表面上看很愚蠢的做法实际上是一种合法的资金管理技术。

但这并不是人们可能会背负高息债务的唯一原因。在《穷人的投资组合》一书中，作者惊讶地发现，世界上一些最贫穷的人实际上把债务作为一种省钱的方式。

例如，来自印度南部维杰亚瓦达镇的一名妇女希曼以每月 15% 的利率借款 20 美元，尽管她的活期储蓄账户中有 55 美元。当被问及为什么要这样做时，她说：

因为在这个利率下，我知道我将很快偿还借款。如果取出存款，我将需要很长时间才能存下同样的金额。[32]

希曼和世界上许多其他贫穷的借款人一样，把债务作为一种行为指挥棒，迫使自己存钱。从纯数学的角度来看，这似乎是不合理的。然而，如果你了解人类的行为，你就会发现这是有道理的。

这就是为什么给债务贴上好或坏的标签并不是问题的关键。债务，无论是何种类型，都是一种金融工具。如果使用得当，它可以让你的财务状况出现奇迹。否则，它就可能是有害的。

这种差异取决于当事人所处的环境。虽然我不希望你负债，但我可以帮助你了解什么时候应该考虑负债。

什么时候应该考虑负债

尽管大家考虑负债的原因有很多，但基本可以归入两类：

1. 降低风险。
2. 获得大于借贷成本的回报。

在降低风险方面，债务可以用来提供额外的流动性、稳定的现金流和更低的不确定性。例如，有人可能会选择不提前还清抵押贷款，以便在紧急情况下手头有更多的现金。在这种情况下，持有债务所提供的选择权的价值可能超过持有债务的成本。

在锁定未来的支付流时，债务也可以用来减少不确定性。例如，如果你想住在一个特定的地区，申请抵押贷款可以解决你未来几十年的生活成本。有了这笔债务，你不再需要担心租金或住房安全的变化，因为你未来的支出是已知的、不变的。

除了降低风险，债务还可以用来产生大于负债成本的回报。例如，在支付教育费用（学生贷款）、创办小型企业（商业贷款）或买房（抵押贷款）方面，负债成本可能低于债务最终产生的回报。

当然，魔鬼藏在细节中。如果你的预期收益率和负债成本之间的差异太小，那么负债可能是一个冒险的举动。然而，当预期收益很大时，债务可以改变你的生活。一个典型的例子是高等教育。

为什么上大学是值得的（在大多数情况下）

尽管上大学的成本在上涨，但大学毕业生一生的收入远远超过高中毕业生。

根据乔治城大学教育和劳动力中心 2015 年的一份报告，25~29 岁的高中毕业生的年收入中位数为 3.6 万美元，而大学毕业生的年收入中位数为 6.1 万美元。[33] 年收入差距只有 2.5 万美元，但在 40 年的职业生涯中，这一差距累计可达 100 万美元。

这个 100 万美元的数字是媒体所宣扬的学士学位的确切价值。不幸的是，这个数字没有考虑到你是需要时间挣到这些钱的（金钱的时间价值），也没有考虑到人口统计学上的差异。

例如，如果我们让能进入哈佛大学的学生不上任何大学，他们挣的可能也会比一般的高中毕业生多得多。

当研究人员对这些人口统计学因素进行控制时，他们发现，就大学毕业生（相较于高中毕业生）的终身收入溢价而言，男性是 65.5 万美元，女性则是 44.5 万美元。此外，在调整了货币的时间价值（将未来收入折现）后，大学教育对男性的终身收入溢价为 26 万美元，对女性为 18 万美元。[34]

这意味着，平均而言，男性应该愿意为大学教育支付高达 26 万美元的费用，而女性则是 18 万美元。当然，这个数字只是盈亏平衡金额。理想情况下，你应该支付更低的费用，才能在经济上划算。

此外，这些估计仅为平均水平。由于不同专业的收入差异很大，上大学是否值得最终取决于你选择的专业。例如，收入最低的专业（幼儿教育）和收入最高的专业（石油工程）的大学毕业生之间的终身收入差距大约为 340 万美元。[35]

因此，在确定获得一个特定学位是否值得时，你需要预估它能给你一生带来的收入，并剔除所有相关损失。

例如，假设你想获得MBA（工商管理硕士）学位，因为你认为它将在未来40年里使你的年收入增加2万美元（与没有MBA学位相比）。在这种情况下，你一生收入的预期增长将是80万美元。

确定这些未来收益现值的正确方法是按每年4%的比例将该现金流折现。然而，有一个更简单的方法可以用来估算：将终身收入的总增量除以2。

这将大致相当于按每年4%的利率将未来40年的现金流进行折现。我更喜欢这个更简单的方法，只要在脑子里过一遍就行。因此，在40年内增加的80万美元收入，相当于现在的40万美元。

最后，还应扣除你在上学期间可能损失的所有收入。因此，如果你的年收入为7.5万美元，而你想获得MBA学位（学制两年），那么你应该从终身收入预期增长的现值中减去15万美元（两年的收入）。

综上所述，今天的MBA学位价值是：

（80万美元/2）-15万美元=25万美元

25万美元。假设你目前每年赚7.5万美元，这就是你为一个可增加80万美元终身收入的MBA学位最高应该支付的金额。

你可以根据自己的实际情况计算其他学位，并将相关数字代入同一个等式：今天的学位价值=（可增加的终身收

入/2）- 可能损失的收入

虽然税收和其他变量因素可能会影响这个等式，但这个简单的方法仍然能检验获取学位是否值得。

你如果算过，就会发现上大学（以及为此举债）对大多数本科生和研究生来说是值得的。

例如，我们知道为了获得学士学位，美国公立大学的学生平均要贷款30 000美元。[36]我们还知道，就读公立四年制学校的年均自付费用是11 800.37美元。[37]这意味着，在四年期间，就读公立大学的总费用（自付费用加上债务）大约是77 200美元（11 800美元×4 + 30 000美元）。

简单起见，让我们将其四舍五入到8万美元（或每年2万美元）。假设四年的收入损失为12万美元（或每年3万美元），我们可以将这些数字代入上面的公式：

8万美元=（可增加的终身收入/2）-12万美元

为了得到可增加的终身收入，我们将调整一下公式，于是得到：

可增加的终身收入=（8万美元+12万美元）×2

因此：

可增加的终身收入 =40 万美元

这意味着，终身收入需要增加约 40 万美元（或每年 1 万美元），获得公立大学的学士学位才值得。虽然一些专业的本科学位可能无法增加这么多的终身收入，但许多专业可以。

这就是为什么人们通常很容易做出贷款读书的决定。然而，当涉及贷款买房或创业时，就不那么好计算了。

当然，以上这些都只是考虑了债务的财务成本，但也可能有非财务成本。

债务的非财务成本

偿还债务可能不仅仅是一个财务决定。实证研究表明，根据类型的不同，债务还会影响心理和身体健康。

例如，《经济心理学杂志》上的一项研究发现，"信用卡未偿债务水平较高的英国家庭"，其成员心理完全健康的可能性相较于普通家庭要小得多。[38] 然而，在对有抵押贷款债务的家庭进行调查时，研究人员没有发现这种联系。

俄亥俄州立大学的研究人员得出了同样的结论：工薪贷、信用卡以及向家人和朋友借的钱造成的压力最大，而抵押贷款造成的压力最小。[39]

在身体健康方面，《社会科学与医学》期刊上的一项研究发现，与资产相比，美国家庭的高金融债务与"更高的感知压力和抑郁、更糟糕的总体健康状况以及更高的舒张压"有关。即使在控制了社会经济地位、常见健康指标和其他人口因素后，结论也是如此。[40]

在所有研究中，非抵押金融债务都是罪魁祸首。理想情况下，你应该尽可能避免这种债务。

然而，这并不意味着抵押贷款就不会给你带来压力。事实上，情况因人而异，有的人可能不想要任何债务。

例如，一项针对大学生的调查发现，不管债务水平如何，那些对金钱持节俭态度的人对他们的信用卡债务都表现出更大的担忧。[41]

这表明，有些人即使没有财务问题，也总是非常厌恶产生债务。我认识一些这样的人，他们在没有必要的时候还清了抵押贷款，只是为了内心的平静。

尽管他们的决定在经济上不是最佳的，但在心理学的角度可能是最佳的。如果你碰巧是债务厌恶型人，那么即使有前面所述的种种好处，你可能也会发现，还是完全不负债比较好。

债务可以作为一种选择

在回顾了与债务的财务和非财务成本相关的文献后，我发现，从持有债务中获益最多的人是那些能够选择何时负债的人。有策略地利用债务来降低风险或增加回报，可以使人从中受益。

然而，许多目前负债的家庭做不到这一点。根据银率网（Bankrate）的数据，2019年有意外支出的28%的人产生的平均成本为3 518.42美元。[42]这个数据很重要，可以解释为什么低收入家庭需要靠负债来应付支出。

更重要的是，这样的支出几乎必然会在未来的某个时候发生在每个家庭身上。如果我们假设每年发生意外支出的概率为28%，那么5年内至少发生一次意外支出的概率为81%，10年内为96%！

不幸的是，那些依靠债务来支付意外支出的人最终可能会陷入难以逃脱的恶性循环。正如在线贷款市场Lending Tree在2018年底指出的那样，1/3的美国人正在因为他们之前无法支付的紧急支出而负债。[43]

尽管这些家庭中的许多人能找到摆脱债务的方法，但很大一部分不能。正如美联储的研究人员发现的那样，35%的美国家庭在某个时候经历过财务困境（严重的债务拖欠），10%的家庭经历了约50%的财务困境。[44]对少数家庭来说，债务不是一种选择，而是一种义务。

我强调这一点是因为，如果你是一个可以主动考虑是否负债的人，那么你比你可能意识到的要幸运得多。

既然我们已经大致讨论了债务问题，下面让我们来解决大多数人最常要做的债务决定：应该租房还是买房？

第六章
你应该租房还是买房

如何考虑大额购买

1972年，我的外祖父母以2.8万美元的价格买下了他们在加州的房子。如今，这处房产大约值60万美元，是当初购买价的20多倍。即使经过通胀调整，房子的价值也增加了3倍。但除了经济回报，我的外祖父母还在那里养育了3个孩子，包括我的母亲，并在那里抚养了孙辈中的7个孩子，包括我。

我爱那个家。圣诞夜都是在那里度过的。我记得我在厨房里吃了很多外祖母做的美味的花生酱煎饼。我还记得外祖父坐着看电视而给沙发留下的那个永久的凹痕。我还记得我小时候摔在屋外的砖头上，划破了左边的眉毛。我一照镜子就会看到那道疤痕，并回想起当初划破时的情形。

听到这样的故事，你很容易明白为什么有那么多人在鼓吹买房，而不是租房。家不仅可以帮助你建立经济上的财富，而且可以通过提供一个稳定的基础来帮助你建立社会财富。一些人认为这种投资的情感回报是无价的。

但是，在租房还是买房的辩论中，我们在为买房唱赞歌之前，也要考虑到很多其他与房屋所有权相关的成本。

买房的成本

除了抵押贷款，住房所有权还有一系列一次性和持续性的成本。一次性成本包括首付款和与购买有关的费用，而持续性成本包括税费、维护费和保险费。

第一次买房时，你应该准备房屋总价的 3.5%~20% 作为首付。攒下这么多钱可能需要时间，但下一章将讨论攒房屋首付款的好办法。

攒够首付后，你还将面对大约占房屋价值 2%~5% 的交易成本。这些成本包括申请费、评估费、发起/承销费等。虽然一些卖家可能会为买家支付这些成本，但这取决于你（或房地产经纪人）的谈判能力。

说到房地产经纪人，这是买房的又一大成本。房地产经纪人通常对他们经手成交的房子收取 3% 的佣金。如果有两个房地产经纪人参与交易（一个服务买方，一个服务卖方），这意味着买卖双方一共需要支付房屋总价值的 6% 作为佣金。

总的来说，买房的一次性成本可能为房屋价值的 5.5%~31%，这取决于首付、交易成本和雇用的房地产经纪人。如果不算首付，与买房相关的交易成本则为房屋价值的 2%~11%。

这就是为什么买房通常只对那些会长期住在里面的人有意义。如果你买卖太频繁，单是交易成本就会抵消预期升值。

除了买房的一次性成本，持续维护的成本可能也很大。在买房后，你还需要支付财产税、维护费和保险费。幸运的是，财产税和保险费通常包括在每月的抵押贷款中。

然而，这些额外成本的大小将根据少数因素而有所不同。例如，税费将取决于房屋所在地和当前税法。

2017 年的《减税和就业法案》提高了税费抵扣标准，对许多业主来说，成为业主的主要好处之一（扣除抵押贷款利息）实际上没有了。这是税法将影响买房成本的诸多变化（以及未来的变化）之一。

你住在哪里，买房时付了多少钱，将决定你必须在保险上花多少钱。如果首付低于房屋价值的 20%，除了房屋保险，你往往还须支付私人抵押贷款保险（PMI）。这将使你每年花费贷款价值的 0.5%~1%。因此，如果你有 30 万美元的抵押贷款，你将面临每年 1 500~3 000 美元的额外成本，即每月 125~250 美元的私人抵押贷款保险。

最后，从财务和时间的角度来看，房屋的持续维护成本可能是相当大的。虽然这部分成本将根据居住地和房屋建造时间而变化，但大多数专家建议将每年的维护预算控制在房屋价值的 1%~2%。这意味着，一处 30 万美元的房产每年的维护费用应该在 3 000~6 000 美元。

除了与房屋维护相关的明确的财务成本，还有巨大的时间成本。我从朋友和家人那里听到了很多有关成为业主就像获得了一份兼职工作的逸事。无论你是雇人定期维修还是自己亲自动手，房屋维护都可能比你最初想象的要占用更多的时间。

这是买房最容易被忽视的成本之一。与租客不同，作为业主，当东西坏了，你必须修缮。虽然有些人会喜欢做这些事，但许多人不会。

无论是买房的一次性成本还是持续性的维护成本，房子往往都是负债而不是资产。当然，租客也不能免受这些财务成本的影响，因为这些成本可能已经包括在租金中。

然而，从风险的角度来看，租客和房东对这些成本的体验非常不同。因为租客确切地知道他们在可预见的未来必须支付什么，而房东则不知道。例如，一年内的特定维护成本可能是房屋价值的 4%，也可能是 0。这可能会影响房主，但对租房者没有影响。

因此，在短期内，买房通常比租房风险更大。一年之内，买房成本比租房成本波动更大。然而，如果拉长时间，这种情况就会发生改变。

租房成本

租房的主要成本（不包括每月支付的租金）是长期风险。

这种风险表现为未来租房成本不确定、住房状况不稳定和搬家成本。

例如，尽管租客能够锁定未来 12~24 个月的房租，但他们不知道 10 年后的房租将是多少。他们总是按市场价格租房，而市场价格可能会大幅波动。与此相比，房东确切地知道他们未来将为住房支付什么。

更重要的是，租房时，你的住房状况会不稳定。你也许找到了一个你喜欢的住处，但房东却可能大幅提高租金，迫使你再次搬家。这种住房状况不稳定可能会导致经济和心理上的不稳定，尤其是对那些努力养家的人来说。

最后，由于住房状况不稳定，租客（相较于业主）会更频繁地搬家。我很清楚这一点，因为自 2012 年以来，我在美国各地住过八套不同的公寓（大约每年一套）。虽然由于朋友和家人的帮助，其中几次搬家很容易，但也有几次需要请搬家公司，成本要高得多。

无论你如何看待它，租房者都面临着绝大多数业主不会面临的长期风险。不过，租房者不太可能面临的一个风险是，他们的住房投资是否会获得良好的回报。

住房投资

不幸的是，当把住房看作一种投资时，情况就没有那么乐观了。诺贝尔经济学奖得主罗伯特·席勒计算出，1915—2015 年，经通胀调整后，美国住房市场的年实际收益率"仅为 0.6%"。[45] 更重要的是，这部分实际收益大部分发生在 2000 年之后。

如图 6.1 所示，从 19 世纪末到 20 世纪末，经通胀调整后，美国住房价格基本持平。

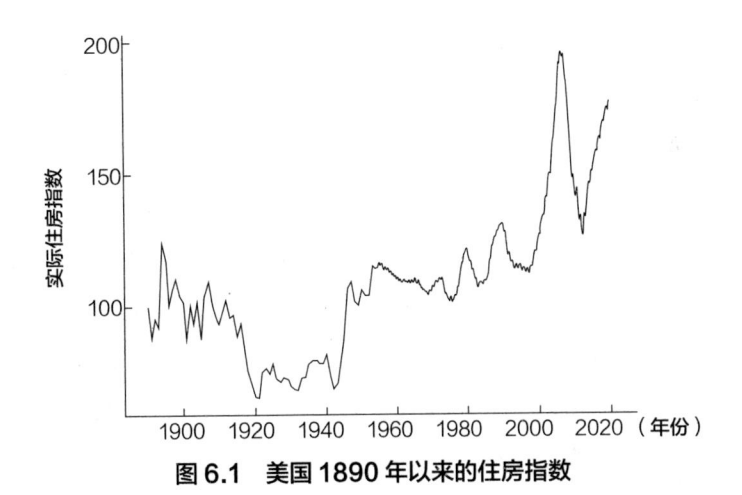

图 6.1　美国 1890 年以来的住房指数

这是经通胀调整后美国住房价格没有发生重大变化的 100 年。在过去的几十年里，美国的房价一直在涨，但我不相信这种趋势会持续很久。

当你把美国住房作为一种投资时，你必须将其与同一时期对另一种资产的投资进行比较。这就是所谓的投资机会成本。

例如，我的外祖父母用 2.8 万美元购买了他们的房子，并在 1972 年至 2001 年每月支付 280 美元的抵押贷款。2001 年前后，房子的价值约为 23 万美元。但如果他们不买房子，而是把这些钱投资到标准普尔 500 指数上呢？

如果从 1972 年到 2001 年，他们每月向标准普尔 500 指数投入 280 美元，到 2001 年，即使不算股息再投资，他们也将至少得到 95 万美元。这还不包括他们的首付！如果将首付也用于投资，到 2001 年他们就会有 100 多万美元。

尽管我的外祖父母住在加州，经历了美国房地产历史上最好的几十年，但他们的房子带来的经济收益大约是投资一篮子美国股票带来的收益的 1/4。

当然，在心理上，持有 30 年美国股票要比偿还抵押贷款困难得多。当你拥有的是一套房子时，你不会每天看股价，也可能永远不会看到它的价值减半。然而，美国股市并非如此。事实上，从 1972 年到 2001 年，有三次主要的市场崩溃（分别是 1974 年、1987 年和 21 世纪初的互联网泡沫破裂），其中两次崩溃的跌幅超过 50%！

这就是为什么住房是一种与股票或其他风险资产根本不同的资产。虽然你的房子不太可能暴跌，但它也不太可能成为你敲开财富大门的入场券。更重要的是，即使你看到你的房价大幅上涨，你也只能在将其出售并在其他地方购买更便宜的房子，或者重新租房的情况下才能变现。

这是否意味着你应该永远租房，并将因此省下来的所有钱投资于其他资产？不一定。正如我之前所说的，你需要考虑非经济原因。更重要的是，考虑买房也有社会原因。

不是要不要买房，而是什么时候买

虽然房子不太可能是一项出色的长期投资，但买房是有社会原因的。根据消费者财务调查，2019 年美国的住房自有率为 65%。[46] 那些收入和财富水平较高的家庭住房自有率更高。

例如，美国人口普查局的研究人员发现，2020 年，那些收入高于中位数收入的家庭住房自有率接近 80%。[47] 我的计算结果表明，在消费者财务调查中，那些净资产超过 100 万美元的家庭住房自有率超过 90%。

为什么买房如此普遍？除了可以获取政府补贴和遵循文化规范，买房也是许多美国家庭积累财富的主要方式。

通过观察 2019 年消费者财务调查数据，研究人员发现，住房"占最低收入家庭总资产的近 75%……但对最高收入家庭来说，这一比例仅为 34%"[48]。无论收入水平如何，房子都可能是你（即使不是最理想的）财富积累的来源。

更重要的是，买房可能是你做过的最大的财务决定。这个决定是社会可以接受的，对生活中的许多其他事情至关重要。住房决定了人们住在什么样的社区，他们的孩子在哪里上学，等等。如果你决定一辈子租房，这也很好，但你可能因此被排除在某些社区之外。

这就是为什么大多数买得起房的人往往都会买房。因此，你需要问自己的更重要的问题不是你应该买房还是租房，而是你应该什么时候考虑买房。

买房的最佳时机

买房的最佳时机是当你能满足以下条件时：

- 你计划在那个地方待 10 年。
- 你有稳定的个人和职业生活。
- 你负担得起。

如果你不能满足以上所有条件，那么你最好选择租房。让我来解释一下。

考虑到买房的交易成本是房屋价值的 2%~11%，居住时间够长才能弥补这些成本。简单起见，让我们选择这个范围的中间值，假设买房的交易成本是 6%。按照席勒对美国住房市场年实际收益率 0.6% 的估计，这意味着一般的美国住房需要 10 年的时间才能升值到足以支付 6% 的交易成本。

同样，如果你打算在一个地方住 10 年，但你的个人或职业生活并不稳定，那么买房可能不是正确的选择。例如，如果你在单身时买了一套房子，一旦你决定建立一个家庭，你就可能需要卖掉它，升级到一个更大的房子。此外，如果你经常换工作，或者你的收入很不稳定，那么抵押贷款可能会让你的财务状况处于危险之中。不管怎样，从长远来看，不稳定性会让你更有可能支付更多的交易成本。

这就是为什么当你能更好地预测自己的未来时，抵押贷款的效果最好。当然，未来永远是不确定的，但你对未来的洞察力越强，买房就越轻松。

如果你能负担得起，那么买房就更容易了。这意味着你可以支付20%的首付，并将你的债务收入比维持在43%以下。我用43%这个比例，是因为这是合格（低风险）抵押贷款最大的债务收入比。[49]需要提醒的是，债务收入比的定义为：

债务收入比=月负债/月收入

因此，如果你有一笔每月还款2 000美元的抵押贷款，你目前的月收入为5 000美元，没有其他需要偿还的债务，那么你的债务收入比将是40%（2 000美元/5 000美元）。当然，债务收入比越低越好。

另外，当你买房子的时候，你不必真正支付20%的首付，但你应该有能力支付。这种区别很重要。有能力支付20%的首付表明你能在一定时间内存下足够的现金。

因此，你如果能拿出20%的首付，但不这么做，这没有任何问题。我知道把所有的现金投入像房子这样的非流动性投资在短期内是有风险的。然而，付更多的钱意味着你往往可以负担得起更贵（也可能更大）的房子。

如果你正在考虑是应该存钱买个大房子，还是先买个小房子作为过渡，我建议你再等等，一次性搞定大房子。考虑到交易成本，买一套超出预算的房子可能比先买一套房子然后在几年内卖掉要好。

我知道这听起来很冒险，但你买房后的头几年风险最大。随着时间的推移，你的收入可能会随着通货膨胀而增长，但你的抵押贷款却不会。

我的外祖父母经历过这种情况，因为20世纪70年代的高通货膨胀，他们的抵押贷款（按实际价值计算）减少了一半。1982年，他们为住房支付的费用是10年前的一半。租客就无法享受这个好处。

无论最后你在买房这件事情上做什么决定，重要的是做对你个人和财务状况都最有利的决定。因为买房可能是你做过的最大、最情绪化的财务决定，你应该花时间来做正确的决定。

无论是租房还是买房，你都应该知道积攒首付的最好方法。这是我们下一章的关注点。

第七章
如何为房屋首付和其他"大额购买"存钱

为什么时间跨度如此重要

你决定要迈出一大步。

你想买你的第一套房子。或者你想结婚,或者你只是想要一辆新车。无论你下定决心要做什么,你都该存钱。

但是,最好的方法是什么呢?应该持有现金,还是在等待期间投资?

我问了几位与我合作多年的财务顾问,他们的回答都是一样的——现金,现金,现金。当谈到为首付(或其他大件物品)存钱时,现金是最安全的方式。不管什么时候都是这样。

我已经知道你在想什么了。通货膨胀呢?是的,在你储蓄的同时,通胀将使你每年损失几个百分点。然而,考虑到你只在很短的一段时间(几年)内持有现金,这种影响其实很小。

例如,如果你需要存下 2.4 万美元作为房子的首付,而你每月可以存 1 000 美元，那么在没有通胀的情况下你需要 24 个月（两年）实现目标。

然而，在 2% 的年通货膨胀率之下，你需要额外储蓄 1 000 美元才能实现目标。这意味着，由于通货膨胀，你必须存下 2.5 万美元的名义货币，才能在两年内获得 2.4 万美元的实际购买力。

是的，这并不理想，但这是为了保证你在需要的时候有钱可用而付出的小代价。从大局来看，多出来的 1 000 美元并不是什么大开销。这就是为什么现金是完成即将到来的大额采购最可靠、风险最低的储蓄方式。

但如果你想在储蓄的同时对抗通胀呢？或者，如果你需要储蓄两年以上的时间呢？现金仍然是最好的选择吗？

为了回答这个问题，让我们看看历史上现金储蓄与债券投资的比较。

债券比现金好吗

为了比较投资债券是否优于持有现金，我们可以进行同样的操作，每月储蓄 1 000 美元，但这次我们将把这些钱投资于美国国债。我们通过 ETFs（交易型开放式指数基金）或指数基金来进行投资。通过购买美国国债，我们可以在持有低风险资产的同时获得一些收益。

有什么不一样呢？

低风险不等于没有风险。如图 7.1 所示，中期美国国债的价格经常下跌 3% 或更多。

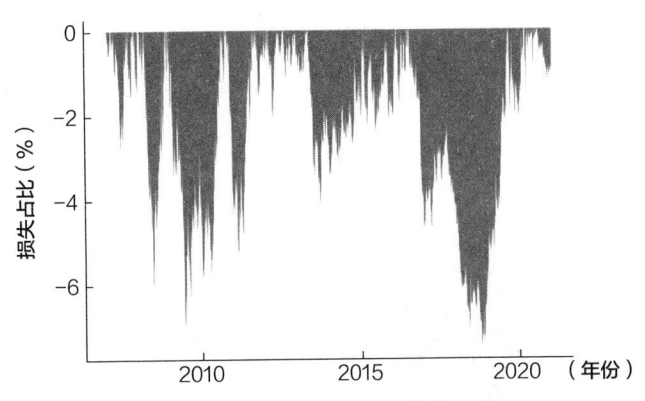

图 7.1　中期美国国债价格的下跌

这些债券价格的正常波动说明了为什么与现金储蓄相比，将储蓄投资于债券可能会延迟你达成目标的时间。

回到我们每月储蓄 1 000 美元直到存下 2.4 万美元的例子。在终点线附近债券价格下跌 3% 将使你的投资组合损失近 750 美元。这一时期的价格下跌将比早期的类似下跌更糟糕，因为你投资的钱更多，损失也就更大。

为了抵消这种下跌，你必须多存 1 000 美元（相当于一个月的储蓄金额）才能达成你 2.4 万美元的目标。即使持有债券，你也可能需要超过预计的 24 个月才能达到储蓄目标。

事实上，如果我们将上述测算回溯至 1926 年，情况也是如此。平均而言，每月投资 1 000 美元美国国债（经通胀调整后），你在 25 个月后才能攒下 2.4 万美元。

正如你在图 7.2 中看到的，当我们投资债券时，有时需要 25 个多月才能达成目标，有时不到 25 个月就能达成目标。

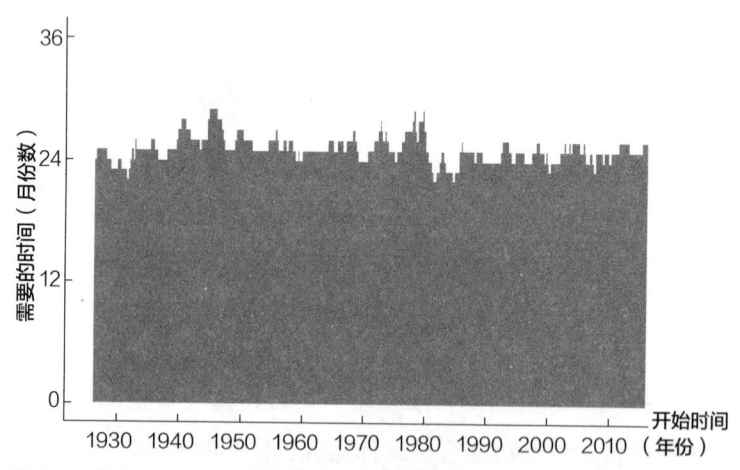

图 7.2　每月省下 1 000 美元并全部投资于美国国债，要攒够 2.4 万美元所需的时间

然而，与投资债券相比，持有现金需要的时间更长。如果我们把债券换成现金，重新进行上述测算，经通胀调整后，平均需要 26 个月才能达到 2.4 万美元的储蓄目标。

为什么这比我之前提到的 25 个月要长？因为通胀率会变化！如果通胀稳定在 2% 的水平，那么持有现金一般需要 25 个月能达到 2.4 万美元的目标。

然而，更高的通胀率意味着你将需要更多的时间来实现你的储蓄目标。事实上，在某些时期，如果每月储蓄 1 000 美元，你需要花近 30 个月的时间才能达到 2.4 万美元的目标。

虽然在前两年债券的表现往往比现金好，但并没有好多少。正如我上面所说，如果投资债券，你需要 25 个月才能攒下 2.4 万美元，如果持有现金，则可能需要 26 个月。

与其在需要现金时担心债券价格是否会下跌，还不如多存 1 000 美元。

事实上，自 1926 年以来，在大约 30% 的时间里，比起投资债券，持有现金能同样或者更好地实现 2.4 万美元的储蓄目标。

这表明，当存钱时间小于两年时，现金可能是最佳方式，因为风险较小。我采访的财务顾问在这方面的直觉是准确的。

但是，如果你想为一件需要储蓄两年以上才能买到的大件商品存钱，那该怎么办？你应该改变策略吗？

如果需要储蓄两年以上，怎么办

当储蓄时间大于两年时，持有现金的风险可能比最初看起来的要大得多。

例如，如果你想通过每月储蓄 1 000 美元的现金来攒下 6

万美元，不考虑通胀需要 60 个月（5 年）。

然而，如果你以 1926 年至今为测算区间，你会发现 50% 的时间需要 61~66 个月（比预期长 1~6 个月）才能达成目标，15% 的时间需要 72 个月或更长时间（比预期至少长 12 个月），如图 7.3 所示。

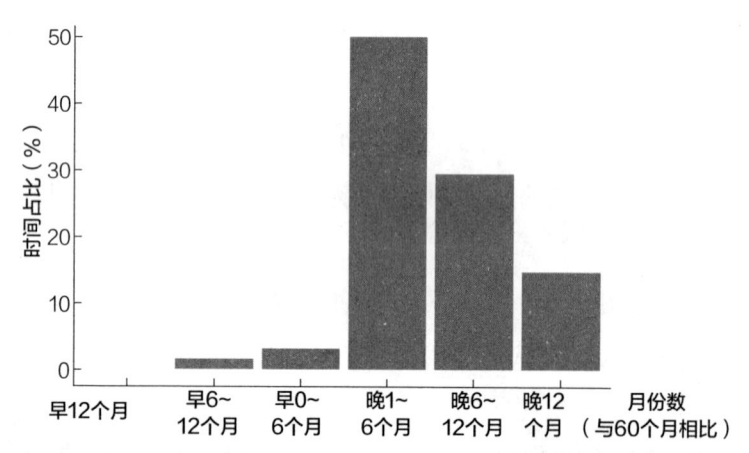

图 7.3　每月储蓄 1 000 美元现金，你需要多长时间才能存下 6 万美元

平均而言，持有现金需要 67 个月才能达到 6 万美元的储蓄目标。为什么？因为时间越长，通胀的影响越大。

与此相比，投资债券平均只需要 60 个月就可以达到 6 万美元的储蓄目标。

如图 7.4 所示，债券带来的收益抵消了通胀的影响，有助于维持购买力。

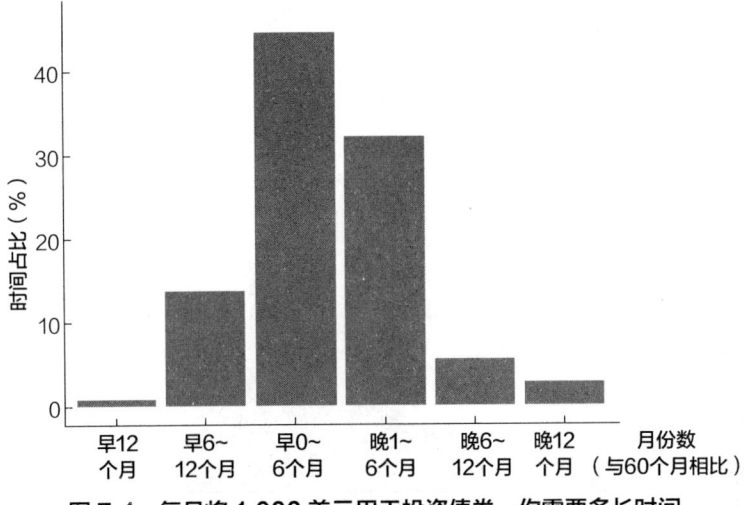

图7.4　每月将1 000美元用于投资债券，你需要多长时间才能存下6万美元

更重要的是，与我们想要在24个月内攒下2.4万美元相比，想要在60个月内存下6万美元，持有现金的风险要大得多。

一两个月的额外储蓄不再能够抵消通胀的影响。而是需要平均额外7个月的现金储蓄才能达到这一目标。

是的，在某些情况下，你仍然可以通过只持有现金就能在60个月内达到6万美元的目标，但这个可能性很小。由于期限较长，持有现金的风险大于投资债券的风险。

通过图7.5，你可以更清楚地看到这一点。看看与投资债券相比，持有现金需要额外存多少个月的钱才能实现6万美元的储蓄目标。

正如你所看到的，在所有测算过的时间段，长期储蓄时，现金的表现都不如债券。

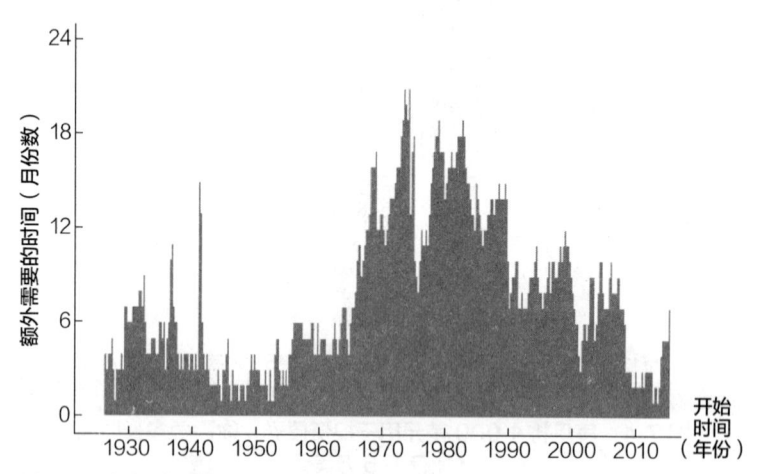

图7.5　与投资债券相比，每月储蓄1 000美元的现金，总金额达到6万美元额外需要的时间

这是否意味着存在一个最佳时间节点，你应该不再持有现金，转而投资债券？也不尽然，但我们可以做一个大胆的猜测。

例如，鉴于攒钱期限为两年时持有现金优于投资债券，而攒钱期限为5年时投资债券优于持有现金，上述"切换点"将介于两者之间。在查看了数据后，我发现这一时间点似乎在3年左右。

如果你的攒钱期限不到3年，持有现金。如果攒钱期限超过3年，则投资债券。

这就引出了一个问题：投资股票会比投资债券更好吗？

投资股票好过投资债券吗

现在,让我们看看每月存下 1 000 美元,并将其投资于标准普尔 500 指数的情况。

与投资债券相比,这种策略如何?大多数时候这种策略表现更好,但有时也会更差。

例如,你打算每月存 1 000 美元直至存下 6 万美元,如果投资债券,平均需要 60 个月,如果投资股票,只需要 54 个月。

然而,正如你在图 7.6 中所看到的,投资股票有时也会需要更长的时间才能达成储蓄目标。图中的峰值显示,有时这个时间甚至会超过 72 个月。

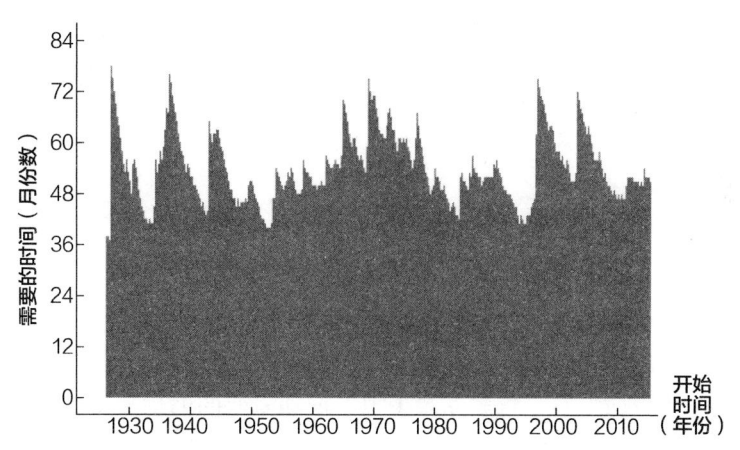

图 7.6 每月将 1 000 美元用于投资股票,总金额达到 6 万美元所需的时间

为什么会这样？

因为与投资债券相比，在暴跌期间（如 1929 年、1937 年、1974 年、2000 年和 2008 年）投资股票意味着你需要额外储蓄和投资一年（或更长时间）才能达到目标。

更重要的是，该分析假设，无论潜在的经济状况如何，你都能够每月投资 1 000 美元。但情况并非总是如此。

在重大市场崩盘后，你可能会失去工作或有其他金融需求，以至你存不下那么多钱。这是通过投资股票为大额购买攒钱可能存在的风险。

然而，为大额购买而将储蓄进行投资并不一定只能是 0 或 1 的选择。你不必要么 100% 投资于股票，要么 100% 投资于债券。

事实上，当为 5 年（或更长时间）后的大额购买攒钱时，你可以找到一个平衡的投资组合，使之更适合自己的时间表和风险状况。

为什么时间是最重要的因素

综上所述，显然，储蓄方式深受储蓄时间的影响。

从短期来看，现金才是王道。而随着时间的推移，你必须考虑其他选择。除非你愿意为每年的通货膨胀付出代价，否则你将需要持有债券，可能还有股票，让你的钱在一段时间内保持购买力。

最后，上述分析假设你能一直存下钱，直到达成一个特定目标。然而，正如我在前面章节中提到的，我们的财务状况很少如此稳定。

如果你碰巧比预期提前达成了目标，那么恭喜你！你可以立即购买你想要的高价商品了。

然而，如果需要在将来消费（例如在未来某个固定日期举办婚礼），那么你将需要以某种方式投资，以保持购买力。然而，这意味着要么放弃现金储蓄，选择更高增长率的投资方式，要么存下更多的钱，以抵抗通货膨胀。

无论如何，个人理财的某些领域可能更像艺术而不是科学。这就是为什么我建议你根据你当时可用的投资选择来调整你的策略。

现在我们已经了解了如何为首付存钱，接下来可以继续回答最大的储蓄问题了——你什么时候可以退休？

第八章
何时可以退休

为什么钱不是最重要的因素

想象一下,你有一个可以预知未来财务状况的水晶球。你可以通过它了解未来几十年的所有支出和投资收益,我们可以完美地计划你何时可以退休,使你的消费需求与你的退休收入相匹配。

不幸的是,这样的水晶球并不存在。虽然我们可以根据你期望的退休生活方式来估计你未来的支出,但我们不知道你将获得什么样的投资收益,也不知道你将活多久。

这就是为什么诺贝尔经济学奖得主威廉·夏普称退休是"金融领域最棘手、最难的问题"。如果这很容易,就不会有一个行业致力于帮助人们度过他们的退休生活。

尽管这个问题难以解决,但有一些简单的规则可以帮助你确定什么时候能退休。其中最简单的是4%法则。

4%法则

威廉·本根试图计算出退休人员每年可以从他们的投资组合中取出多少钱而不会把钱花光。1994 年，他发表了一篇将彻底改变金融规划界的研究论文。

本根发现，在历史上，退休人员可以在至少 30 年的时间里，每年从股债比例为 1∶1 的投资组合中取出 4%，而不会把钱花光。尽管为了应对通货膨胀，取款金额每年都会增长 3%，事实也是如此。[50]

如果某人有一个 100 万美元的投资组合，他在第一年取出 40 000 美元，在第二年取出 41 200 美元，以此类推，至少 30 年之后钱就被用完了。事实上，从历史经验来看，使用 4% 法则时，资金被耗尽是不太可能的。专业理财规划师迈克尔·基茨用 4% 法则对 1870 年以来的数据做了一项回归分析，他发现："30 年后，4% 法则使财富涨 5 倍的概率比耗尽本金的概率要大。"[51]

4% 的取现率尽管适用于大部分时期，但似乎是年度取现率的上限。当将取现率调高至 5% 后，这个规律就无法持续发挥作用了。在某些时期，5% 的取现率只能维持退休人员 20 年的收入，然后钱就被花光了。由于维持退休人员 20 年的收入不够，他建议将 4% 作为最高的安全取现率，并坚持执行。

本根 4% 法则的美妙之处在于，它为原本复杂的问题提供了一个简单的解决方案。计算退休后的第一年你能花多少钱将不再是一件有压力的事情，而只是一个基本的计算。

更重要的是，这条法则可以用来计算你首先需要为退休存多少钱。

假设我们知道你可以在第一年花掉你全部退休储蓄的4%，那么我们知道：

- 4% × 总储蓄 = 年度支出

使用分数而不是百分比，我们得到：

- 1/25 × 总储蓄 = 年度支出
- 两边同时乘以25来求解总储蓄，得到：
- 总储蓄 = 25 × 年度支出

就是这么简单！

要遵循4%的法则，你需要在退休前存下25倍于预期年度支出的钱。当你攒够了这笔钱时，你就可以退休了。这就是为什么我在第四章讨论加薪如何影响退休金的积累时使用了这一法则，核心就是4%法则。

幸运的是，为了满足你的退休需求，你需要存的钱可能远远少于你年度支出的25倍。假设你会在退休期间得到一些有保障的收入（例如社会保险），那么你只需要在未来收入的基础上节省出25倍于预期支出的钱。

例如，如果你计划退休后每月花4 000美元，你每月能获得 2 000 美元的社会保障福利，那么你只需要攒够其余的 2 000 美元，即每年 24 000 美元。

我们称之为年度超额支出。

因此，决定你需要存多少钱的公式是：

- **总储蓄 = 25 × 年度超额支出**

按照这条法则，你需要存下 60 万美元才能退休（24 000 美元 × 25）。在你退休的第一年，你会取出 24 000 美元；第二年，由于通货膨胀，取款金额增加 3%，你将取出 24 720 美元；以此类推。

尽管本根的 4% 法则很简单，但也有反对者。

例如，一个常见的反对意见是，它是在债券和股票的收益率远高于今天的时候创建的。因此，一些金融专业人士认为，4% 法则不再适用于当前的情况。

由于收益率只是你在一段时间内从债券或股票中获得的收入，如果收益率下降，你的收入也会下降。因此，如果你用 1 000 美元购买收益率为 10% 的债券，你每年将从中获得 100 美元的收益。然而，如果收益率仅为 1%，那么你 1 年能获得的最大收益也不过 10 美元。同样的逻辑也适用于股票的收益率。

虽然收益率随着时间的推移而下降，但本根认为 4% 法则仍然有效。在 2020 年 10 月的一期播客中，他表示，由于现在的通胀率比过去低，安全取现率可能从4%上升到5%。他说：

> 当处于低通胀环境时，取现速度会慢很多，于是也就可以抵消投资收益的下降。[52]

如果本根的逻辑成立，那么4%法则可能仍然是回答"你什么时候能退休"这个问题最简单的方法。

我很喜欢4%法则，不过它建立在退休人员的支出随着时间的推移保持不变的假设上。事实上，数据表明，人们随着年龄的增长，支出会下降。

为什么退休后的支出会下降

摩根大通资产管理公司在分析了60多万个美国家庭的财务行为后发现，成员年龄在45~49岁的家庭支出最高，在之后的各个年龄段则会阶梯式下降。退休家庭的支出更是呈现出这个特点。

例如，他们发现，在美国中等家庭（拥有100万~200万美元可投资资产的家庭）中，成员年龄在65~69岁的家庭平均年支出为83 919美元，成员年龄在75~79岁的家庭平均年支出为71 144美元，后者比前者低15%。[53]

他们在分析消费者支出调查数据时得出了类似的结论。成员年龄在 65~74 岁的家庭平均年支出为 44 897 美元，而成员年龄在 75 岁以上的家庭平均年支出仅为 33 740 美元，后者比前者低 25%。

此外，减少的支出主要集中在服装、汽车、服务、抵押贷款等方面。这是合乎逻辑的，因为年龄较大的家庭更有可能已还清抵押贷款，购买新衣服或新汽车的概率也大大降低。

更重要的是，随着时间的推移，支出的下降会在同一组家庭中出现。成员年龄在 75 岁以上的家庭不仅比现在 65~74 岁的对照家庭花费少，他们现在的支出也低于他们在 65~74 岁时的支出。

退休研究中心的研究人员在研究了退休家庭一段时间以来的消费行为后证实了这一点。他们发现，退休后的支出每年通常会下降 1% 左右。[54]

假设这个估计是准确的，它表明一个家庭成员从退休开始算起，第 1 年花费 4 万美元，第 10 年花费约 3.6 万美元，第 20 年仅花费 3.2 万美元。

这就是为什么说到退休支出，4% 法则是保守的。该法则假设你的支出每年将增加 3%，而经验证据表明，它更有可能每年减少 1%。当然，正是这种保守主义让这条法则对普通退休人员来说更具吸引力。

然而，尽管我喜欢 4% 法则的简单性，但有些人还是会对逐年用掉资产感到不舒服。如果你也是这样，或者你计划享受

30年以上的退休生活，那么你可能需要考虑交叉点法则。

交叉点法则

另一种确定"你什么时候能退休"的方法就是找到你每月投资收入超过每月支出的那个点。

在维姬·罗宾和乔·多明格斯合著的《要钱还是要生活》一书中，这被称为"交叉点"。[55]

它之所以被称为交叉点，是因为在这个点上，你的月投资收益可以完全覆盖月支出，你实现了财务自由。交叉点法则很重要，它可以作为任何年龄的人财务独立的象征。

例如，如果你每月的支出是4 000美元，一旦你的投资收益超过4 000美元，那么你就达到了你的交叉点。

我们将用于获得投资收益的可投资资产称为交叉资产。那么，如何获得超过交叉点的投资收益呢？

让我们从这个公式开始：

月投资收益 = 交叉资产 × 月收益率

我们知道这个公式是正确的，你的可投资资产乘以你的月收益率等于你的月投资收益。

我们还知道，在你的交叉点上，你每月的投资收益等于每月的支出。因此，我们可以将这个公式重写为：

月支出 = 交叉资产 × 月收益率

我们可以求出交叉资产：

交叉资产 = 月支出 / 月收益率

在上面的例子中，你每月的支出是 4 000 美元。因此，计算交叉资产时，你需要做的就是用这个数字除以你的预期月收益率。

所以，如果你希望投资每年为你带来 3% 的收益，那么你可以用这个数字除以 12 来估计你的月收益率。注意，这个方法只是一个近似值。要得到准确的百分比，你可以使用下面的公式：

月收益率 =（1+ 年收益率）^（1/12）-1

在这个例子中，3%/12=0.25%（或 0.0025）。

如果你用每月支出除以这个月的收益率（4 000 美元 / 0.0025），你将得到 160 万美元。这是达到你的交叉点所需的可投资资产的数额。换句话说，160 万美元的月收益率为 0.25%（一年约为 3%），月收入为 4 000 美元。

这与4%法则相比如何呢?

4%法则需要年支出的25倍才能退休,这意味着你将需要120万美元(25 × 48 000美元),这比交叉点所需的金额(160万美元)要少。然而,这只是因为当使用交叉点法则时,我们假设你资产的年收益率为3%。

如果你能在投资上获得4%的年收益率,那么这两条法则会得出同样的金额——120万美元。

然而,交叉点法则只是用简单的数学公式来解决复杂问题(退休)的另一种尝试。这些法则、公式和指导方针有借鉴意义,但钱并不会是你退休期间最大的担忧。

更大的退休问题

在回答"你什么时候能退休"这个问题时,我们关注的是退休后的财务问题。然而,当你最终决定放弃朝九晚五的生活时,你的财务状况可能是你最不担心的问题。

正如厄尼·泽林斯基在《如何自由而快乐地退休》中所述:

> 与普遍的看法相反,许多因素——不仅仅是银行里有一两百万美元的存款——都有助于当今退休人员的幸福和满足。事实上,对大多数退休人员来说,身体健康、心理健康和稳固的

社会支持比良好的财务状况更重要。[56]

泽林斯基在书中指出，退休后需要担心的不是金融危机，而是关乎生死存亡的危机。那些早早实现经济独立却并不能享受生活的人也说过类似的话。

例如，想想《创智赢家》中的神奇先生凯文·奥利里在36岁卖掉自己的第一家公司时，他是怎么谈论退休的。

我退休三年了，无聊得要命。工作不仅仅是为了钱——人们只有停止了工作，才会明白这一点。

工作决定了你是谁。工作为你提供与人社交的场所，能让你一整天都以一种有趣的方式与人互动，甚至可以帮助你更长寿，对大脑健康非常有益……那么我什么时候退休呢？我永远不会退休，永远不会。

我不知道我死后要去哪里，但我还会继续工作。[57]

虽然这些话充斥着玩笑的意味，但奥利里提出了一个重要的观点，那就是工作极具价值，它对一个人获得身份认同感非常重要。如果永远不再工作，有些人可能会发现很难在生活的其他地方找到意义。

作家朱利安·夏皮罗在讨论他的朋友们赚了大钱之后的表现时，对这一点做了很好的总结。

通过观察那些卖掉初创公司并赚了数百万美元的朋友，我发现：一年后，他们又开始做起了以前的项目。他们用钱买了一栋漂亮的房子，吃得很好。仅此而已。他们又回到了原来的样子。[58]

你觉得泽林斯基、奥利里或者夏皮罗会撒谎吗？他们不会。退休与否不仅关乎经济条件，更关乎生活方式。所以，要知道你什么时候可以退休，你需要弄清楚你退休后会做什么。

你将如何消磨时间？

你会与哪些社会群体互动？

你的最终目标是什么？

一旦你对这些问题有了很好的答案，你就可以退休了。否则，你可能会让自己的未来充满失望和失败。因为尽管我很想让你在经济上取得成功，但如果你在精神上、情感上和身体上都不成功，那一切都无济于事。

这就是我不喜欢 FIRE（财务独立，提前退休）运动的原因之一。的确，有些人在 35 岁时摆脱激烈的竞争后可以享受生活，但更多的人会发现，生活要困难得多（不是因为经济原因）。

例如，看到我在网上讨论 FIRE 运动后，一个叫特伦斯（化名）的人在推特上找到我，描述了他作为 FIRE 运动一员的经历。特伦斯两年前就退休了，现在正在环游世界，每年用爱彼迎订民宿，住一到三个月。

虽然很多人认为特伦斯的生活方式令人向往，但特伦斯自己说，他的生活是"孤独的存在"，这最终不会适合大多数人。他的结论是：

选择成为FIRE运动的一员意味着接受你不再相关或重要，在某种程度上，你游离在存在和不存在之间。[59]

这可能很可怕。尽管特伦斯的经历不是FIRE运动群体的常态，但它展示了提前退休可能带来的一些负面影响。

我分享特伦斯的故事是因为它说明了一个重要的事实：虽然金钱可以解决许多问题，但不能解决所有问题。金钱只是帮助你从生活中得到你想要的东西的工具。然而，弄清楚你想从生活中得到什么才是最难的。

现在我们已经讨论了人们最大的储蓄目标——退休，接下来，让我们把注意力转向本书的第二部分——投资。我们从你为什么要投资开始。

2 投资

第九章
为什么要投资

让钱增值在当下比以往任何时候都重要的三个原因

退休的概念直到 19 世纪末才出现。在那之前，大多数人在去世之前要一直工作。没有黄金岁月，没有新的生活与爱好，没有海滩漫步。

1889 年，德意志帝国宰相奥托·冯·俾斯麦创建了世界上第一个由政府资助的退休计划，改变了这一局面。当时，70 岁以上的人有资格从政府领钱。

当被问及为什么要创建这样一个退休计划时，俾斯麦回答："那些因年龄和残疾而失去工作的人有充分的理由要求国家照顾他们。"[60] 尽管德国的退休年龄最初是 70 岁，但在 1916 年降低到 65 岁。

俾斯麦的革命性思想最终催生了包括美国在内的世界多国政府资助的退休计划。

为什么这种思想会席卷全球呢？因为人们的寿命开始延长。1851 年，英格兰和威尔士只有 25% 的人活到了 70 岁；到

1891年，这一数字达到了40%；如今，超过90%的人能活到70岁。在同一时期，美国和其他发达国家的人口寿命也出现了类似的增长。[61]

全球人均寿命的大幅延长是当代退休理念的催化剂。随着退休制度的产生，投资和财富保值需求也在增加。

在此之前，人们没有投资的概念，因为没有必要为未来投资。但是，在过去的150年里，健康和医学的进步改变了这一切。

现在我们有了投资的理由，也知道为什么过去的人不投资。但这并不是投资的唯一理由，只是主要理由之一。

本章将介绍投资的三个主要原因。

1. 为未来的自己存钱。
2. 抵御通货膨胀。
3. 用金融资本替代人力资本。

我们将依次展开讨论这些原因，并思考为什么它们对个人财务很重要。

1.为未来的自己存钱

正如我们刚才所讨论的，人要为未来的自己，主要是老年的自己存钱。因为有一天你会不愿意或不能工作，投资可以让你拥有一个资金池,在年老时使用。

当然,人们很难想象年老的自己,会感觉很陌生。那时的自己会和现在的自己一样吗?还是会有很大的不同?什么样的经历可能塑造或改变一个人?你能坦然接受自己的变老吗?

尽管未来的自己和现在的自己可能有很大的不同,研究表明,为未来的自己考虑是改善投资行为的最好方法之一。

例如,一项实验让一组人看自己的"年龄增长效果图"(经过数字化处理后的老年照片),来看看这是否会影响人们对退休金的分配。的确会有影响!

看到自己老年照片的人分配给退休的钱(平均)比没有看到这些照片的人分配的钱多2%。[62] 这表明,看到自己老年的状态可能有助于鼓励长期投资行为。

在研究哪些动机对储蓄行为影响最大时,其他研究人员得出了类似的结论。他们发现,除了存钱以备不时之需,那些把退休作为储蓄动机的人通常比那些没有存钱动机的人能存更多的钱。[63]

这意味着其他的财务目标,如为孩子存钱、为度假存钱或为房子存钱,与改善储蓄行为无关。然而,为退休存钱却可以改善储蓄行为。研究人员发现,即使控制了收入等标准社会经济指标,实验也会得到同样的结论。

正如我在第二章中强调的,收入是决定储蓄率的最大因素之一。然而,研究表明,即使收入一样,那些将退休作为储蓄动机的人也更有可能定期储蓄。

第九章 为什么要投资　　097

因此，如果你想储蓄和投资更多，就自私一点儿吧（多为未来的自己着想）。但是，未来的自己并不是投资的唯一理由。你之所以要投资，也是因为还有其他不利的金融因素。

2.抵御通货膨胀

亨利·扬曼说过："美国人越来越强壮。20年前，价值10美元的杂货需要两个人来搬运。如今，一个5岁的孩子都能做到。"

遗憾的是，扬曼并不是在谈论美国年轻人日益强壮的体力，而是在谈论美元的贬值。扬曼的笑话调侃了通货膨胀，或者说，随着时间的推移，物价普遍上涨是一个不可避免的现实。

你可以把通货膨胀想象成一种无形的税，由某一特定货币的持有者支付。持有者年复一年地缴纳这种税，却甚至没有意识到这一点。他们的食品杂货账单慢慢攀升，房产和车辆的保养费用越来越高，孩子的教育费用每年都在增加。与此同时，他们的工资上涨了吗？可能涨了。也可能没有涨。

不管怎样，通货膨胀的祸害仍将有增无减。虽然通货膨胀的影响在短期内通常很小，但从较长时间来看，这种影响可能相当显著。

如图9.1所示，如果年通货膨胀率为2%，货币的购买力将在35年内减半。在每年5%的通货膨胀率下，货币的购买力每隔14年就会减半。

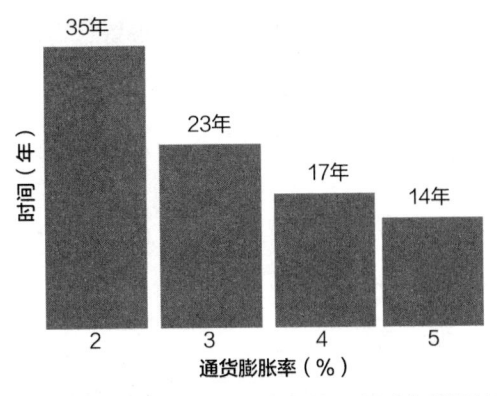

图 9.1 不同通货膨胀率导致货币购买力减半所需的时间

这意味着，在适度的通货膨胀水平下，日常商品的价格应该每 20~30 年翻一番，如果通货膨胀率更高，价格增长速度要快得多。

一个更极端的通货膨胀（恶性通货膨胀）的例子发生在第一次世界大战结束后的魏玛共和国。在特定时期内，通货膨胀率可能非常高，商品的价格甚至会在一天之内发生变化。

正如亚当·弗格森在《当货币死亡》一书中所描述的：

有这样的一个故事……去餐馆吃完饭结账时发现，价格已经比点餐的时候要高了。一杯 5 000 马克的咖啡，喝下去要花 6 000 马克。

虽然这种情况很少见，但这说明了通货膨胀在极端情况下的破坏性影响。

然而，有一种有效的反击方式——投资，可以应对通货膨胀。持有能够保持或提高购买力的资产可以抵消通货膨胀的影响。

例如，1926年1月至2020年底，1美元需要增长到25美元才能跟上通货膨胀。在这段时间里，投资美国国债或美国股票的收益能与上述增长持平吗？

能，而且很容易。

如果你在1926年投资1美元购买长期美国国债，到2020年底，这1美元将增长到200美元（收益率比通货膨胀率高约13倍）。如果你在1926年投资1美元购买美国股票，在同一时期内，这1美元会增长到10 937美元（收益率是通货膨胀率的约729倍）！

这说明投资可以抵消通货膨胀的影响，以实现财富的保值和增值。

对退休人员来说，通货膨胀的影响更加明显，因为他们支付的价格越来越高，但工资却没有相应地增长。由于退休人员不工作，他们对抗通货膨胀的唯一武器就是资产增值。记住这一点，尤其是在退休即将到来的时候。

总的来说，虽然持有现金总是会有一些很正当的理由（例如应对紧急情况、进行短期储蓄等），但从长远来看，持有现金几乎得不偿失，因为通货膨胀每年都会造成损失。因此，如果你想把这种损失降到最低，现在就要把非急用现金投资出去。

如果抵御通货膨胀的诱惑还不够，那么替代人力资本的诱惑可能会说服你投资。

3.用金融资本替代人力资本

投资的最后一个主要原因是用金融资本替代人力资本。

在第二章，我们将人力资本定义为你的技能、知识和时间的价值。虽然你的技能和知识在不断增长，但你的时间没有。

因此，投资是唯一能让你在时间的洪流中奋起反击，并将不断减少的人力资本转化为生产性金融资本的方法。金融资本会让你在未来很长一段时间都有收益。

你的人力资本今天值多少钱

在讨论这个问题之前，我们首先必须弄清楚，你的人力资本当前值多少钱。我们可以通过估算你未来收入的现值来计算。

现值是未来现金流在今天的价值。例如，如果一家银行承诺每年为你的存款支付 1% 的利息，那么你今天给他们 100 美元，一年后你会得到 101 美元。反过来应用这个逻辑，一年后 101 美元的现值是 100 美元。

在这个例子中，未来的 101 美元用 1% 的利率折现到现在，这 1% 通常被称为折现率。在评估收入损失时，大多数人身损害纠纷的律师使用 1%~3% 的折现率。

因此，如果我们知道你未来会赚多少钱以及一个折现率，我们就可以计算出这些收入现在值多少钱。

例如，如果你将在未来40年里每年赚5万美元，那么你未来40年的总收入将是200万美元。然而，假设折现率为3%，这些未来收益的现值约为120万美元。

这意味着你的人力资本价值约为120万美元。假设这些估计是准确的，那么你应该愿意用努力工作换取120万美元。为什么？因为你可以用这120万美元来复制你未来的收入。

换句话说，如果你今天投资这120万美元，年收益率为3%，在未来40年里，你每年可以提取5万美元，然后钱就被花光了。

正如你所看到的，每年5万美元的现金流与你未来40年的收入完全相同！这就是为什么说人力资本和金融资本是可以互换的。

这一点很重要，因为你的人力资本正在减少。你每工作一年就会减少人力资本的现值，因为你未来的收入少了一年。

因此，保证你将来有一些收入（政府资助收入之外）的唯一方法就是积累金融资本。

积累金融资本以替代人力资本

你可以想象一下，你人力资本的现值每年都在减少，而你的金融资本则在增加以抵消人力资本的减少。如图9.2所示，我们假设你连续40年每年赚5万美元，你把收入的15%

存起来，年收益率为 6%。

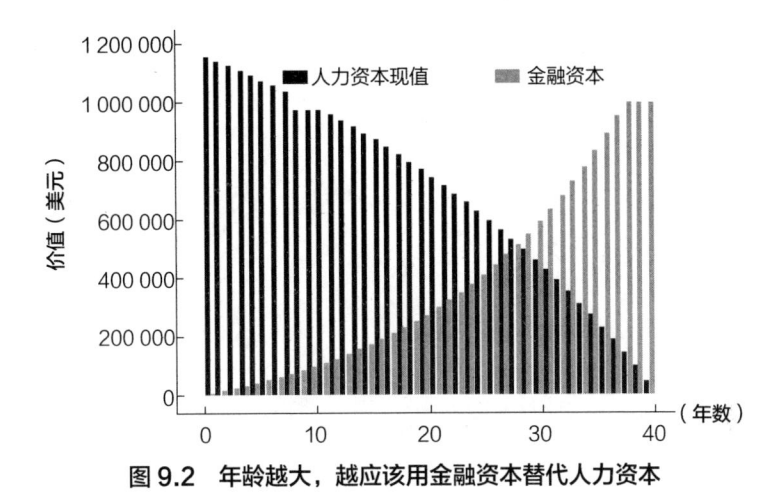

图 9.2 年龄越大，越应该用金融资本替代人力资本

这就是你储蓄和投资时会发生的事情。每年，你工作所得的一部分收入都应该转换成金融资本。当你开始以这种方式看待金钱时，你就会意识到它既可以用来消费商品，也可以为你创造更多的钱。

从本质上讲，通过投资，你正在将自己重建为一种金融资产，一旦你失业了，这种方式就可以为你提供收入。所以，在你停止朝九晚五的工作后，你的钱可以继续为你工作。

在人们应该投资的所有理由中，这可能是最令人信服的，也是最容易被忽视的。

这一概念有助于解释为什么一些职业运动员可以一年赚数百万美元，但最终还是破产了。他们没有足够快地将人力资本转化为金融资本，以维持他们离开体育职业后的生活方式。

如果你一生的大部分收入是在4~6年赚到的，那么储蓄和投资对你来说就比对其他人更重要了。

不管你是如何赚钱的，意识到你的能力最终会消失是投资的最佳动力之一。

既然我们已经讨论了为什么你应该投资，接着我们要来看看你应该投资什么。

第十章
你应该投资什么

真正的致富之路不止一条

虽然你可能从未听说过沃利·杰,但他被认为是史上非常伟大的柔道教练之一。尽管从未参加过柔道比赛(只参加过柔术),杰却在柔道和其他武术领域获奖无数。

杰的一个重要见解是,并不是每个人都能像他那样学习。

教练最大的错误就是完全按照自己受教的方式去教别人。曾经有个老师对我说:"我所有的学生都得到了我的真传。"然后在实战中,他的学生没有一个能打败我的学生。一个都没有。所以我告诉他,他必须进行个性化教学。[64]

杰意识到,对某些人有用的东西不一定对其他人有用,在柔道和投资中都是如此。

然而,投资建议很少以这种方式呈现。相反,你通常会碰到一个所谓的大师，他声称自己知道一条通往财富的真正道路。但实际上，这样的路径有很多。赢的方法有很多。

因此，建立财富的正确方法是探索所有路径，以找到最适合你的方法。这就是为什么我说，如果你想变得富有，那么你需要不断购买各种各样的创收性资产。你应该还记得本书前言中的内容。这是"买，买，买"的核心要义。

最难的部分是确定拥有什么样的创收资产。大多数投资者在创建投资组合时很少冒险投资股票和债券。我能理解他们。不过，这两种资产类别是积累财富的绝佳选择。

但股票和债券也只是投资的冰山一角。你如果真的想增加财富，就应该考虑投资当今世界提供的所有选择。

为此，我整理了一份能产生收入的最佳资产清单，你可以用它来增加你的财富。对于所讨论的每一种资产类别，我将介绍它的定义和投资利弊，最后告诉你如何投资。

下面的列表不是推荐，而是帮助你开始进一步研究。因为我不知道你目前的情况，所以不确定以下哪些资产适合你。

事实上，我只投资过下面列出的四种资产类别，因为其中一些对我来说没有意义。我建议你在增加或删除投资组合中的资产之前，对每个资产类别进行全面评估。

话虽如此，让我们从我个人最喜欢的开始吧。

股票

如果让我选择一类一骑绝尘的资产,股票绝对是首选。股票代表企业的所有权(股权),是非常好的资产,从长远来看,投资股票是创造财富最可靠的方式之一。

为什么你应该/不应该投资股票

正如杰里米·西格尔在《股市长线法宝》中所说的那样:"在过去的204年里,美国股市的年均实际收益率为6.8%。"[65]

当然,美国股市是过去几个世纪表现最好的股市之一。然而,数据表明,随着时间的推移,全球其他许多股市也获得了经通胀调整后的正收益(实际收益)。

例如,当埃尔罗伊·迪姆松、保罗·马什和迈克·斯汤顿分析了16个不同国家1900—2006年的股本收益时,他们发现所有这些国家都有长期的正实际收益。其中年化实际收益率最低的是比利时,为2.7%,最高的是瑞典,同期接近8%。

美国在这些国家中处于什么位置呢?

前25%(第75百分位)。虽然美国的收益率高于世界平均水平,但仍落后于南非、澳大利亚和瑞典。[66]这说明,尽管美国的股票收益率非常高,但在全球舞台上,美国并不是异类。

更重要的是,迪姆松、马什和斯汤顿所做的分析是针对人类历史上破坏性最大的20世纪。尽管经历了两次世界大战和大萧条，全球股市（作为一个整体）依然提供了正的长期实际收益。

《财富、战争与智慧》一书的作者巴顿·毕格斯研究几个世纪以来哪种资产类别最有可能使财富保值和增值，得出了类似的结论。他说："鉴于其流动性，你不得不承认，股市是财富最好的去向。"[67]

当然，20世纪全球股市的上升趋势可能不会一直持续，但我还是相信股市会上行。

持有股票的另一个好处是不需要持续地维护。你拥有企业并获得收益，而其他人（管理层）为你经营企业。

尽管我刚才对股票大加赞扬，但投资股票并不适合胆小的人。事实上，股市在一个世纪里会有几次超50%的价格大跌，每4~5年下跌30%，至少每隔一年下跌10%。

正是股票这种高度波动的特性使人们在动荡时期难以坚持持有。即使是经验最丰富的投资者，看到10年的增长在几天内消失也会感到痛苦。

对抗这种波动最好的方法是着眼于长期。虽然这不能保证收益，但历史证据表明，只要有足够的时间，股市往往会弥补其周期性的损失。时间是股票投资者的朋友。

如何投资股票

你可以分散投资个股、指数基金和ETFs，这会让你留有更大的敞口。例如，标准普尔500指数基金可以为你投资美国股票，而全球股票指数基金将为你投资全球股票。

我更喜欢持有指数基金和ETFs而不是个股，原因有很多（下一章将主要讨论），主要是因为指数基金是一种简单又廉价的实现分散投资的方法。

即使只通过指数基金持有股票，对于应该持有哪种股票也众说纷纭。有人认为应该关注规模（小型股），有人认为应该关注估值（价值股），还有人认为应该关注价格趋势（趋势股）。

甚至还有人认为，持有经常分红的股票是致富的必胜之道。提醒一下，股息是企业支付给股东的，是你的利润。所以，如果你拥有一家公司5%的股份，这家公司总共支付100万美元的股息，那么你将得到5万美元。很可观吧？

无论你选择哪种股票投资策略，对这类资产留有一定的敞口才是最重要的。就我个人而言，我通过三种不同的ETFs持有美国股票、发达市场股票和新兴市场股票。我还持有一些小型价值股。

这是投资股票的最佳方式吗？谁知道呢？但它对我有效，从长远来看应该会有很好的效果。

股票总结

- 平均复合年收益率：8%~10%。
- **优点**：历史收益率高。易于持有和交易。不怎么需要维

第十章 你应该投资什么

护（由其他人经营）。
- **缺点**：波动性大。估值可能会根据市场参与者的情绪而非企业基本面迅速变化。

债券

前面我们已经讨论了高歌猛进的股市，现在让我们来讨论一下更为平静的债券市场。

债券是投资者向借款人发放的贷款，借款人承诺在一定期限内偿还。这个"一定期限"被称为债券期限。许多债券需要在债券期限内定期支付利息（称为息票）给投资者，然后在期限结束时偿还全部本金。支付的年息除以债券价格就是收益率。如果你以 1 000 美元购买债券，每年得到 100 美元利息，那么这只债券的收益率将为 10%（100 美元 / 1 000 美元）。

借款人可以是个人、企业或政府。大多数时候，美国投资者在讨论债券时，指的是美国国债——美国政府是借款人。

美国国债有长短不同的期限：

- 1~12 个月
- 2~10 年
- 10~30 年

你可以在 Treasury.gov. 网站上找到不同期限美国国债的利率。[68]

除了美国国债，你还可以购买海外政府债券、公司债券（向企业贷款）和市政债券（向地方/州政府贷款）。虽然这两类债券的利息通常比美国国债高，但风险往往也更高。

为什么它们的风险高于美国国债？因为美国财政部是全球信誉较好的债务人。

由于美国政府可以随心所欲地印美元，任何借钱给美国政府的人几乎都可以收回本金。但对其他国家的政府、美国地方政府或企业来说，情况就未必如此了，因为它们都可能违约。

这就是为什么我倾向于只投资美国国债和我所在州的一些免税市政债券。即使我想承担更大的风险，也不会选择投资风险更高的债券。债券应该是分散风险的资产，而不是风险资产。

我明白，持有收益率更高、风险更高的债券是有道理的，尤其是考虑到自 2008 年以来美国国债的收益率一直很低。然而，收益率并不是唯一重要的因素。债券还有其他对投资者有用的属性。

为什么你应该/不应该投资债券

我推荐债券是因为债券具备以下特点：

1. 当股票（和其他风险资产）价格下跌时，债券价格往往会上涨。
2. 债券比其他资产的收入流更稳定。
3. 债券可以提供流动性，以再平衡你的投资组合或偿还债务。

在市场抛售期间，当其他资产的价格都在下跌时，债券是唯一价格往往会上涨的资产。这种情况往往发生在投资者抛售风险较高的资产以购买债券的时候，也就是通常所说的"避险"。因此，债券可以在最糟糕的时候充当主要的投资工具。

同样，由于其稳定性，随着时间的推移，债券能提供更稳定的收入。由于美国政府可以随心所欲地印美元（并偿还债券持有人），你不必担心债券收益的变化。

最后，债券由于在市场暴跌时更稳定，往往也能提供很好的流动性，以防你需要额外的现金来再平衡投资组合或偿还债务。例如，如果你因为金融恐慌失去了工作，你会很欣慰地看到，你可以通过投资组合中的债券来度过这个困难时期。换句话说，你可以卖出一些债券变现。

通过研究 2020 年初新冠病毒感染疫情引起的市场暴跌期间各种投资组合的情况，你可以很清楚地看到债券在稳定投资组合方面的作用。如图 10.1 所示，债券（美国国债）持有比例较高的投资组合跌幅小于债券持有比例较低的投资组合。

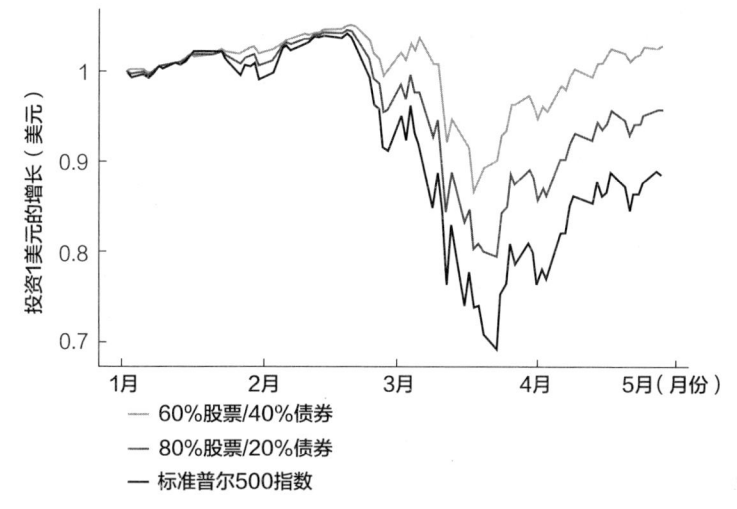

图 10.1 持有更多债券的投资组合跌幅更小（2020 年 1 月 1 日—2020 年 4 月 28 日）

在这种情况下，2020 年 3 月，60% 股票/40% 债券和 80% 股票/20% 债券两种投资组合的跌幅均小于只持有标准普尔 500 指数基金的投资组合。

更重要的是，那些留有债券敞口并在危机期间调整了投资组合的投资者在随后的复苏中获得了更大的收益。例如，我很幸运地在 2020 年 3 月 23 日调整了我的投资组合。市场见底的那天，我卖出了一些债券，买入了一些股票。是的，这个时机完全是运气，但我持有债券并能够出售一些债券购买股票，这并不是运气。

然而，债券的收益率往往远低于股票和大多数其他风险资产的收益率。当市场处于低位时尤其如此，比如在 2008 年和 2020 年。在市场低迷的环境下，经通胀调整后，债券的收益可能接近零，甚至为负。

如何购买债券

你可以直接购买单只债券，但我建议通过债券指数基金或ETFs购买，因为这样更容易。

虽然关于个人债券和债券基金之间的表现是否存在实质性差异，过去一直存在争论，但实际上二者并没有实质性差异。AQR资本管理公司创始人克利夫·阿斯尼斯在2014年的《金融分析师杂志》上彻底驳斥了这种观点。[69]

无论你如何购买债券，它们都可以发挥提供增长以外的重要作用。俗话说得好："买股票是为了吃得好，但买债券是为了睡得好。"

债券总结

- 平均复合年收益率：2%~4%（在低利率环境下可能接近0）。
- 优点：波动性低、有利于调整投资组合、本金安全。
- 缺点：收益率低，尤其是在经通胀调整之后。在低收益的环境下，这对收入来说可不是好事。

投资性房产

除了股票和债券，最受欢迎的创收资产之一是房地产投资。拥有一套投资性房产是很好的，你可以自住，也可以把它出租给别人，赚取额外收入。

为什么你应该/不应该购买投资性房产

如果你能很好地管理房产，其他人（租客）就会帮你支付抵押贷款，同时你还可以享受房产长期的增值。此外，如果在购买房产时能够贷款，收益可能会因为杠杆作用而被放大。当贷款购买投资性房产时，杠杆也会扩大你对房产价格变化的风险敞口。

例如，如果你为一处50万美元的房产首付了10万美元，这意味着你将借贷40万美元。假设一年后房产增值到60万美元。如果你卖掉房产并还清贷款，你将剩下大约20万美元，而不是原来的10万美元。由于杠杆作用，房价20%的上涨让你获得了100%的收益（10万美元变成了20万美元）。

虽然令人难以置信，但事实确实如此。你必须记住，如果价格下跌，杠杆也会对你不利。例如，如果房子的价格从50万美元跌到40万美元，卖掉房子后你就血本无归了。房产价格下降20%会导致你的投资亏损100%。

由于房地产价格的极端波动往往是罕见的，对房地产投资者来说，杠杆往往有利可图。

尽管拥有一处投资性房产从财务上来看有许多好处，但它也需要耗费比打理其他资产更多的精力。

房地产投资需要有与人打交道的能力（租户），你还需要上传房产信息到租赁网站，让它看起来对潜在租户有吸引力，并进行长期维护，等等。在做这些事情的同时，你还必须处理房贷带来的额外压力。

如果一切顺利，拥有一处投资性房产会是一件美妙的事情，尤其是当大部分款项是贷款的时候。然而，当出现2020年新冠病毒感染疫情导致旅游受限那样的情况时，问题就出现了。许多依靠爱彼迎房屋租赁网站的创业者从惨痛的经历中认识到，投资房地产并不总是那么容易。

虽然投资房地产的收益可能比股票或债券高得多，但这些收益也需要你付出更多的努力。

最后，买投资性房产类似于买个股，因为它们无法分散投资。当购买投资性房产时，你承担了该房产的所有风险。房地产市场有可能蓬勃发展，但如果你的房产有太多潜在问题和成本，结果可能会很糟糕。

鉴于大多数投资者不太可能拥有足够多的投资性房产来实现多元化，单一投资性房产的风险是一个问题。

然而，如果你想对自己的投资有更多的控制权，也喜欢房地产的有形属性，那么你应该考虑将房地产投资作为你投资组合的一部分。

如何购买投资性房产

购买投资性房产的最好方法是通过房地产经纪人或直接与卖方谈判。这个过程可能相当复杂，所以我建议你在走这条路之前深入研究。

投资性房产总结

- 平均复合年收益率：12%~15%（取决于当地的租赁条件）。
- 优点：收益率高于其他更传统的资产类别，尤其是在使用杠杆时。
- 缺点：管理物业和与租户打交道可能是一个令人头疼的问题。很难分散投资。

REITs（房地产投资信托基金）

如果你喜欢房地产，但不想自己管理，那么 REITs 可能比较适合你。REITs 会持有和管理房地产，并将这些房地产的收入支付给基金持有者。

事实上，法律规定，REITs 至少要将应税收入的 90% 作为股息支付给股东。这一要求使其成为最可靠的创收资产之一。

然而，并不是所有 REITs 都是一样的。住宅房地产投资信托基金可以持有公寓楼、学生公寓、人造住宅和独栋住宅，而商业房地产投资信托基金可以持有办公楼、仓库、零售空间和其他商业地产。

此外，REITs 可以公开交易、非公开交易或公开不交易。

- 公开交易的 REITs：像其他上市公司一样在证券交易所交易，对所有投资者开放。
    1. 任何持有股票指数基金的人都已经变相持有了一些公开交易的 REITs 头寸，所以只有在你想增加房地产头寸的情况下，才有必要购买更多的 REITs。
    2. 与其购买单一公开交易的 REITs，不如购买公开交易的 REITs 指数基金——它投资于一篮子 REITs。
- 非公开交易的 REITs：不在证券交易所交易，只提供给合格投资者（净资产不低于 100 万美元或过去三年的年收入不低于 20 万美元的人）。
    1. 需要一个经纪人，可能产生高昂费用。
    2. 监管较少。
    3. 由于持有期限较长，流动性较差。
    4. 可能产生比公开交易的 REITs 更高的收益。
- 公开不交易的 REITs：不在证券交易所交易，但通过众筹向所有大众投资者开放。
    1. 比非公开交易的 REITs 监管更多。
    2. 有最低投资要求。
    3. 由于持有期限较长，流动性较差。
    4. 可能产生比公开交易的 REITs 更高的收益。

虽然我只投资过公开交易的 REITs 的 ETFs，但房地产众筹是一种非公开交易 REITs 的替代选择，可以提供更高的长期回报。

为什么你应该 / 不应该投资 REITs

无论你决定如何投资 REITs，它们通常都与股票一样可以带来收益（或收益更高），且在经济景气时期与股票的相关性较低。这意味着当股票表现不佳时，REITs 也能有较好的表现。

然而，像其他大多数风险资产一样，公开交易的 REITs 往往会在股市崩盘时遭到抛售。在股市下行时，不能指望信托投资基金分散风险。

如何投资 REITs

正如前面提到的，你可以通过各种经纪平台投资公开交易的 REITs，或者去一个众筹网站购买公开不交易的或非公开交易的 REITs。我个人倾向于公开交易的 REITs，因为流动性更强（更容易买卖），但在选择具体的投资产品时，了解一下公开不交易的或非公开交易的产品也有好处。

REITs 总结

- 平均复合年收益率：10%~12%。
- 优点：拥有不需要管理的房地产风险敞口。在经济景气时期与股市的相关性较低。

- **缺点**：波动性大于或等于股票。非公开交易的 REITs 流动性更差。在股市崩盘期间，与股票和其他风险资产高度相关。

农地

除了房产，美国的农地是另一种重要的创收资产，有史以来一直是财富的主要来源。

为什么你应该／不应该投资农地？

如今，投资农地主要是因为它与股票和债券的相关性较低。毕竟，农业收入往往与金融市场的走势无关。

此外，农地的波动性比股票低，因为土地的价值不会随着时间的推移发生太大的变化。由于一直以来土地的生产率比企业的生产率更稳定，因此与股票相比，农地的整体波动性更低。

此外，农地还能提供通胀保护。农地往往会随着经济上行而升值。由于其特定的风险状况（低波动性和体面的收益），农地的价格不太可能像个股或债券那样归零。当然，气候变化的影响可能会在未来改变这一点。

你能指望从农地得到什么样的收益？杰伊·吉罗托在接受泰德·西德斯的采访时表示，农地的收益模型是"高个位数"，其中大约一半的收益来自农业产量,一半来自土地增值。[70]

如何投资农地

虽然购买私人农地不是一件小事,但投资者持有农地最常见的方式是通过公开交易的 REITs 或众筹。众筹很好,因为你可以更好地控制你实际投资的农地的属性。

而众筹的缺点是,投资机会通常只提供给合格的投资者(净资产不低于 100 万美元或过去三年的年收入不低于 20 万美元的人)。此外,这些众筹平台的费用可能比其他公共投资平台的费用要高。

考虑到促成这些交易的工作量,我不认为这些费用很过分,但如果你讨厌费用,你需要记住这一点。

农地总结

- 平均复合年收益率:7%~9%。
- 优点:与股票和其他金融资产的相关性较低。能有效抵御通货膨胀。下行风险更低(土地比其他资产更不可能"归零")。
- 缺点:流动性更差(更难买卖)。费用更高。需要以"合格投资者"的身份参与众筹。

小企业投资/天使投资

也许你还可以考虑拥有一家小企业或小企业的一部分。这就是小企业投资和天使投资的用武之地。

然而,在开始投资之前,你必须确定你是要经营业务,还是只提供资金和专业知识。

所有者+运营商

如果你想成为小型企业的所有者+运营商,你只要记住,工作会远比你想象中的要多。

小企业投资专家布伦特·贝肖尔曾在推特上写道,经营一家赛百味餐厅的操作手册长达800页。想象一下经营一家价值5 000万美元的制造商。[71]

我提到布伦特的评论并不是为了劝阻你创业,只是为了让你对需要做的工作有一个合理的预期。拥有并经营一家小型企业能带来比上述其他创收资产高得多的收益,但你必须为此付出相应的努力。

只当所有者

假设你不想走经营者路线,做一个天使投资人或小型企业的被动所有者可以给你带来非常大的收益。事实上,根据多项研究,天使投资的预期年收益率在20%~25%。[72]

然而,这些收益并非常态。天使资本协会的一项研究发现,只有1/9(约11%)的天使投资产生了正收益。[73] 这表明,尽管一些小企业可能会成为下一个苹果公司,但大多数小企业都走不了太远。

著名投资人、YCombinator 总裁山姆·奥特曼曾写道：

> 最成功的天使投资赚到的钱往往比其他所有天使投资赚到的钱加起来还要多，这是很常见的。因此，真正的风险是错过那些优秀的投资，而不是能不能收回成本（或者像有些人要求的那样，保证获得两倍的收益）。[74]

这就是为什么投资小企业很难，但收益也高。

然而，在决定全力以赴之前，你应该知道投资小企业需要付出很多时间。这就是为什么塔克·马克斯放弃了天使投资，为什么他认为大多数人甚至不应该开始。马克斯的观点很清楚：如果你想找到能带来超额收益的天使投资项目，那么你必须深深地扎根于那个领域。[75]

马克斯说的没错。关于这一主题的研究发现，花在尽职调查上的时间、经验和参与度都与天使投资者的长期收益呈正相关。[76]

如何投资小企业

你不能把天使投资或小企业投资当作副业来做，还指望能有大回报。虽然一些众筹平台允许散户投资小型企业（为合格投资者提供机会），但他们不太可能提前接触到下一个成功企业。

我这么说并不是要打击你，而是要重申，最成功的小企业投资者在这方面投入的不仅仅是资本。如果你想做一个小企业投资者，请记住，为了看到显著的成果，你可能需要生活方式上的巨大改变。

小企业投资总结

- **平均复合年收益率**：20%~25%。成功者很少。
- **优点**：可以获得极高的收益。参与得越多，发现的未来机会就越多。
- **缺点**：需要投入大量时间。高失败率会令人沮丧。

版税

如果你不喜欢小企业，也许你需要投资一些文化含量更高的东西，比如版税。版税是为持续使用特定资产而支付的费用，通常针对的是受版权保护的作品。在一些网站上，你可以买卖音乐、电影和商标的版税，并从中获得收入。

为什么你应该 / 不应该投资版税

版税可能是一项很好的投资，能产生与金融市场无关的稳定收入。

例如，Jay-Z 和艾丽西亚·凯斯的《帝国之心》在 12 个月的时间里获得了 32 733 美元的版税。在 RoyaltyExchange.com

网站上，这首歌 10 年的版税售价为 190 500 美元。

如果我们假设未来每年的版税（32 733 美元）保持不变，那么在未来 10 年，这一版权的所有者每年将从他们 190 500 美元的投资中获得约 11.2% 的收益。

当然，没有人知道这首歌的版税在未来 10 年里会增加、保持不变还是减少。这跟大众的音乐品位有关，而音乐品位每年都有可能发生变化。

这是版税投资的风险（和好处）之一。文化在变化，曾经流行的东西可能会过时，反之亦然。

然而，RoyaltyExchange.com 网站上有一个叫作美元年龄的指标，人们用它来量化一件东西可能会流行多久。

例如，如果两首不同的歌曲 2020 年都获得了 1 万美元的版税，但其中一首是在 1950 年发行的，另一首是在 2019 年发行的，那么 1950 年发行的歌曲的美元年龄更大，可能是更好的长期投资。

为什么？

1950 年发行的这首歌有 70 年的实际收益，而 2019 年发行的这首歌只有 1 年的实际收益。2019 年的这首歌可能只是昙花一现，1950 年的这首歌却是无可否认的经典。

这个概念更正式的说法是林迪效应。林迪效应指出：某样东西在未来的受欢迎程度与它在过去存在的时间成正比。

林迪效应解释了为什么 2220 年的人会更喜欢听莫扎特而不是金属乐队。尽管今天金属乐队在世界范围内的听众可能比莫扎特的还多，但我不确定两个世纪后是否还会如此。

最后，投资版税的另一个缺点是买家可能需要向卖家支付高额费用。通常情况下，买家必须在拍卖结束后支付最终成交价的一定比例，这可能是相当大的一笔费用。所以，除非你计划只投资版税（并大规模投资），否则这种投资可能不太适合你。

如何投资版税

对投资者来说，购买版税最常见的方式是使用一个匹配买家和卖家的在线平台。虽然你也可以通过私下交易购买版税，但线上交易可能是更简单的方式。

版税总结

- 平均复合年收益率：5%~20%。[77]
- 优点：与传统金融资产不相关，且收入比较稳定。
- 缺点：费用高昂。大众的文化品位会随机变化，从而影响投资收益。

自己的产品

还有一种非常好的创收资产，就是你自己的产品。与上述资产不同，开发产品（数字产品或其他）比选择大多数其他资产类别拥有更多的控制权。

因为你是自己产品 100% 的所有者，你可以设定价格，从而（至少在理论上）决定这个产品的收益。产品可以包括图书、信息指南、在线课程等。

为什么你应该 / 不应该投资自己的产品

我认识不少人，他们通过在网上销售产品赚了几万到几十万美元。更重要的是，如果你已经通过社交媒体、电子邮件或网站拥有了受众，那么销售产品就是从这些受众身上赚钱的一种方式。

即使你没有受众基础，得益于 Shopify 和 Gumroad 等在线销售平台以及在线支付软件，如今在线销售产品也是最容易实现的销售方式。

投资产品的困难之处在于，你需要做大量前期工作，而且无法保证收益，盈利之路很长。

然而，一旦你有了一款成功的产品，扩展你的品牌和销售其他东西就会容易得多。

例如，我发现我在自己的博客 OfDollarsAndData.com 上的收入渠道已经从小规模的联营伙伴关系扩大到包括广告销售和更多的自由职业机会。我的博客写了好几年才开始赚钱，但现在总有新的机会冒出来。

如何投资自己的产品

如果你想投资自己的产品，你就得自己动手做。无论是为博客创建一个网站，还是创建自己的 Shopify 线上商店，都需要大量的时间和精力。

自己的产品总结

- **平均复合年收益率**：变化很大。分销是长尾的（大多数产品收益很低，但有些产品收益很高）。
- **优点**：拥有完全所有权。有个人满足感。可以使人创造一个有价值的品牌。
- **缺点**：属于劳动密集型。无法保证有所回报。

黄金、加密货币、艺术品？

少数资产类别没有进入上述名单，原因很简单：它们不产生收入。黄金、加密货币、大宗商品、艺术品和葡萄酒没有与其所有权相关的可靠收入流，所以我没有将它们包括在我的创收资产列表中。

当然，这并不意味着你不能用这些资产赚钱。只不过它们的估值完全基于感知，即别人愿意为其支付多少钱。没有潜在的现金流，感知就是一切。

不过，对产生收益的资产来说，情况就不同了。尽管人们的看法确实在这些资产的定价中发挥了作用，但至少在理论上，现金流应该会锚定估值。

出于这个原因，我的大部分投资（90%）都在创收资产上，剩下的 10% 分散在非创收资产上，如艺术品和各种加密货币。

本章总结

表 10.1 是本章有关资产类别的主要信息的汇总表，你可以更好地进行比较。

表10.1　不同资产类别相关信息汇总表

资产类别	平均复合年收益率	优点	缺点
股票	8%~10%	历史收益率高。易于持有和交易。维护费用低。	波动性高。估值变化很快。
债券	2%~4%	波动性低。有利于再平衡投资比例。本金安全。	收益率较低，尤其是在经通货膨胀调整后。在低收益环境下情况更甚。
投资性房产	12%~15%	收益率较高（特别是当你考虑杠杆作用时）。	管理房产是件令人头疼的事。很难实现分散投资。
REITs	10%~12%	拥有不需要管理的房地产风险敞口。	波动性大于或等于股票。随着其他资产的下跌而下跌。
小企业	20%~25%	巨大的收益。更多的参与会创造更多的机会。	需要投入大量时间。高失败率令人沮丧。

第十章　你应该投资什么

无论你最终选择了怎样的创收资产组合，只要适合你，就是最优的资产配置方案。记住，人们的投资策略可以非常不同，但这些投资策略都可以是正确的。

既然我们已经讨论了你应该投资什么，下面我们将花一些时间讨论为什么你不应该投资个股。

第十一章
为什么你不应该购买个股

为什么表现不佳是你最不需要担心的

2021 年 1 月 25 日星期一早上 8 点，我收到了朋友达伦（化名）的短信。

"尼克，告诉我为什么我不应该在 9 点 30 分花 5~10 万美元买入 GME 股票。"

他指的是 GameStop（游戏驿站）公司的股票，这只股票的价格在不到一周的时间内因大批线上散户的购买而上涨了 5 倍，很快成为国际轰动的股票。不幸的是，我们当时都不知道事情后来的走势。

达伦知道我永远不会建议买个股。但他不在乎，他只想得到某种肯定。我开玩笑地回答："达伦，这可能会变成发生在你身上最好的事情。"

在接下来的一个小时里，我们在群聊中讨论了 GME 股票的优点，以及红迪网投资论坛上关于 GME 股票即将涨价的猜测是否正确。

市场一开盘，很明显，涨价预测完美应验。GME 股票当天以每股 96 美元开盘，高于前一天 65 美元的收盘价，而且并未止步于此。

到了上午 10 点 22 分，达伦再也不能袖手旁观了。在以每股 111 美元的价格买入 GME 股票后，他给团队发了短信，"我已经买进了"。他的总投资超过 3 万美元，这意味着 GME 股票价格每波动 1 美元，达伦的钱就增减 300 美元：如果股价上涨 1 美元，达伦将赚 300 美元；如果股价下跌 1 美元，达伦将损失 300 美元。

15 分钟内，股价攀升至 140 美元，达伦的股票收益超过 9 000 美元。在群聊中，大家对此啧啧称赞，并纷纷猜测他很快会在哪里退休。

但是，价格下跌的速度和它上升的速度一样快。不到一个小时后，GME 股票的价格又低于 111 美元了，达伦越来越担忧。他发出以 111 美元卖出的指令，希望能收回投资，但为时已晚。自由落体式下跌已经开始。

股价每下跌 1 美元，达伦的痛苦就会被放大 300 倍。300 美元没了，另一个 300 美元没了，又一个 300 美元没了。损失一直没有停止。中午 12 点 27 分，达伦终于投降了。"我在 70 美元的时候就割肉了。"他给大家发短信说。

达伦在两小时内损失了 1.2 万美元。

不过，达伦这次损失的钱只占他净资产的一小部分，所以尽管他情绪低落，他在经济上的损失只是相当于擦破了一点儿皮，而不是截肢。

虽然我不赞成达伦所做的事，但我认同他的做法。因为达伦只赌他愿意输的东西，而且可以确保由此带来的任何损失都不会影响他未来的经济状况。如果你决定投资个股，希望你也能这样做。

达伦的故事是选股者的一个缩影。精神上的混乱，害怕错过的心情，得意、胜利、痛苦和遗憾，这一切都完美地封装在一个两小时的窗口内。

与情绪做斗争只是选股的冰山一角。我知道这一点，是因为我几年前也投资过个股。除了情绪上的困难，你还必须应对业绩不佳的时期，以及你实际上没有任何选股技巧的可能性。

因此，我已经放弃了挑选个股，我建议你也这样做。然而，我不建议选择个股的理由是随着时间的推移而变化的。

最初，我放弃投资个股，是出于"金融角度"的思考。这是一个很好的论点，你可能听说过，但与反对选股的存在主义论点相比，它就相形见绌了。

让我解释一下。

从金融角度看选股

反对选股的传统观点（金融角度）已经存在了几十年。这个观点是：由于大多数人（甚至是专业人士）的业绩无法跑赢宽基指数，你不应该费心去尝试。

很多数据支持这一论点。你可以翻阅标准普尔道琼斯指数（SPIVA）的报告，看看全球各个地区的股票市场，你会（或多或少）看到同样的事情——在 5 年的时间里，75% 的基金没有跑赢指数。[78] 记住，这 75% 的基金是由全职的专业基金经理和分析师管理的。如果他们用这么多资源都不能表现得更好，你还有什么机会呢？

更重要的是，研究表明，只有一小部分个股长期表现良好。正如亨德里克·贝塞姆宾德在他的论文《股票的表现优于债券吗？》中提出的："表现最好的 4% 的上市公司贡献了 1926 年以来整个美国股市的净收益。"[79]

就是这样。从 1926 年到 2016 年，4% 的股票贡献了美国股票高于美国国债的全部超额收益。事实上，"仅仅埃克森美孚、苹果、微软、通用电气和 IBM（国际商业机器公司）这五家公司就贡献了财富创造总额的 10%"。

你确定你能找到这 4% 的股票而避开 96% 的股票吗？

即使是这些巨头企业，总有一天也会失去优势。根据杰弗里·韦斯特的计算，"自 1950 年以来在美国股市公开交易的 28 853 家公司中，到 2009 年有 22 469 家（78%）倒闭"。事实上，"在任何一组给定的美国上市公司中，有一半在 10 年内就倒闭了"。[80]

尽管韦斯特的统计分析说明了股市表现的短暂性，但我更倾向于用一种简单得多的方式来说明这一事实。1920 年 3 月，道琼斯工业平均指数的 20 家公司中，没有一家在 100 年后仍在该指数中。没有什么是永恒的。

你可以看到问题所在。战胜一篮子股票（一个指数）的表现是如此之难，以至大多数专业投资者都无法做到这一点。你试图找到的获胜股票的比例非常低。即使是那些赢家股票也不会是永远的赢家。

这就是通过购买指数基金或交易所交易基金来持有所有股票通常比试图在个股中挑选大赢家要好得多的原因。这样做，你最终可能会有更多的钱，并经历更少的压力。

但我们现在先把这个论点放在一边，因为反对选股的存在主义论点更有说服力。

反对选股的存在主义论点

反对选股的存在主义论点很简单：你怎么知道自己是否擅长挑选个股？在大多数领域，判断一个人是否具有该领域的技能所需的时间都相对较短。

例如，任何有能力的篮球教练都能在 10 分钟内告诉你某人是否擅长投篮。是的，他们可能会在一开始就很幸运地投进很多球，但最终会趋向于自己的实际命中率。在像计算机编程这样的技术领域也是如此。一个优秀的程序员在很短的时间内就能判断出对方是否知道自己在说什么。

但是，挑选个股呢？判断一个人是否是一个好的选股者需要多长时间？一个小时？一个星期？一年？

即使经历很多年，你仍然可能不确定。问题是，与其他领域相比，选股决策与收益的因果关系更难确定。

当你投篮或编写计算机程序时，结果会在动作之后立即出现——球进没进篮筐、程序是否正常运行。但是，在选股方面，你现在做出决定，必须等待很久才能看到收益情况。这种反馈链可能持续数年。

你最终得到的收益必须与购买像标准普尔 500 指数这样的指数基金的收益进行比较。所以，即使你在绝对意义上赚了钱，你也可能在相对意义上赔了钱。

然而，更重要的是，你从这个决定中得到的结果可能与你最初做这个决定的原因无关。例如，假设你在 2020 年底购买了 GME 股票，因为认为该公司改善了它的运营，股价将会上涨。到了 2021 年，由于本章开头提到的散户投资狂潮，GME 股价飙升。虽然你赚到了钱，但这与你原来的论证毫无关系。

现在想象一下，这种情况在选股者身上发生的频率有多高。在这种情况下，决策和结果之间的联系要微弱得多。股价上涨是因为你预期到的一些变化，还是完全由其他变化造成的？如果市场情绪对你不利，你怎么办？你是继续买入，还是重新考虑？

这些只是你作为一个选股者在做出每一个投资决定时必须

问自己的几个问题。这可能会让你一直感到恐惧。你可能会告诉自己你知道发生了什么事。但你真的知道吗?

对一些人来说,答案显然是"是的"。例如,在《共同基金明星真的能选股吗?》中,研究人员发现:"扣除成本后,前10%的基金中较大的正阿尔法值极不可能是抽样变异性(运气)的结果。"[81] 换句话说,10%的专业选股者实际上拥有经得起时间考验的技能。然而,这也表明90%的人可能没有这种技能。

为了论证,让我们假设前10%的选股者和后10%的选股者可以很容易地识别他们的技能(或缺乏技能)。这意味着,如果我们随机寻找一名选股者,我们有20%的机会可以确定其技能水平,在80%的情况下无法确定其技能水平!这意味着,80%的选股者很难证明自己擅长选股。

这就是我所说的存在危机。为什么你想玩儿一个你无法证明自己擅长的游戏(或使之成为一份职业)?如果你这么做是为了好玩,那就像我的朋友达伦那样,拿出一小部分钱来做这件事,全部亏掉也没关系。但是,对那些不是为了乐趣而做这件事的人来说,为什么要花那么多时间在你的技能如此难以衡量的事情上呢?

即使你是一个知道自己选股能力的人(比如前10%),你的问题也不止于此。例如,当你不可避免地经历一段市场低谷时,会发生什么?毕竟,股价下跌只是时间问题。

贝尔德的一项研究指出:"几乎所有优秀的基金经理都会

在职业生涯的某个阶段业绩表现低于市场基准和同行水平,尤其是在三年或更短的时间内。"[82]

想象一下,当你真正经历市场低谷时,你该有多伤脑筋。是的,你过去有技巧,但现在呢?投资业绩不佳是由于(最好的投资者也会经历的)正常下跌,还是由于你对市场失去了敏感性?当然,在任何情况下失去对市场的嗅觉都不容易让人接受,而当你不确定你是否真的失去对市场的嗅觉时,情况就更加让人难以接受了。

跟踪表现(或者只是出于兴趣)

我也不是唯一一个反对投资个股的人。看看著名的投资作家比尔·伯恩斯坦对这个话题的看法吧。

了解个股投资风险最好的方法是熟悉金融的基础知识和相关经验文献。但如果你做不到这一点,那么,你只能把5%或10%的资金投入个股。你一定要严格计算收益率——年化收益率,然后问自己:"我能通过只买一只代表股市整体的指数基金跑赢这个收益率吗?"[83]

虽然你可能不想将个股表现与指数基金的收益进行比较,但如果你不仅仅是出于兴趣,这就是你必须做的事情。

最后我想说，我不反对选股者，但我确实反对选股。

优秀的选股者通过价格发现为市场提供有价值的服务。然而，选股是一种投资理念，在这个过程中，很多散户会玩火自焚。我见过像达伦这样的朋友。我见过这种事发生在家人身上。我只希望这种事不会发生在你身上。

我不能说服每个选股者改变他们的方式。总有人会不断分析公司，并相应地配置自己的资本。这并不是什么坏事。然而，如果你还在犹豫，这件事就值得警惕。不要一直玩儿冒险的游戏。生活本来就已经够冒险的了。

在考虑了投资个股在情绪和财务上的相关成本后，你可以看到为什么我更喜欢投资指数基金和ETFs。简单的指标使我能够在生活中把注意力集中在比投资组合更重要的事情上。

既然我们已经讨论了应该投资什么（以及为什么不应该是个股），接下来让我们探讨一下投资频率问题。

第十二章
你投资了吗

为什么早投资比晚投资好

在2015年"美国法老"获得三连冠之前,没有人对这匹马抱有多大期望。但杰夫·塞德却不这么认为。

塞德转行到赛马行业前曾在花旗集团担任分析师,他不像其他赛马研究员那样痴迷于马的血统。

传统的观点认为,马的母亲、父亲和血统是其比赛成功的主要决定因素。然而,在浏览了历史记录后,塞德意识到血统并不是一个很好的预测因素。他需要找到其他预测因素,需要数据。

他搜集了很多数据。多年来,他使用过无数指标——鼻孔大小、粪便重量、快收缩肌纤维密度,但都一无所获。

然后,塞德想到了用便携式超声波测量马匹内部器官的大小。终于,他发现了有价值的东西。

塞斯·斯蒂芬斯-达维多维茨在《每个人都说谎》中讲述了塞德的发现:

他发现心脏的大小，特别是左心室的大小，是一匹赛马能否成功的重要预测因素，是一个最重要的变量。[84]

心脏大小比其他任何东西都能更好地预测赛马的能力，这就是塞德所知道的。他说服买主拍下"美国法老"，而无视拍卖会上的其他151匹马，并因此创造了历史。

塞德的故事说明，一个有用的数据可以带来非常深刻的见解。汉斯·罗斯林在讨论儿童死亡率对理解一个国家的发展的重要性时，以事实回应了这一观点。

你知道我对儿童死亡率的数字很着迷吗？孩子们非常脆弱，有很多东西可以杀死他们。在马来西亚，1 000名儿童中只有14名死亡，这意味着其他986名都存活了下来。他们的父母和社会设法保护他们免受所有可能致命的危险：细菌、饥饿、暴力等等。

所以"14"这个数字告诉我们，马来西亚的大多数家庭都有足够的食物，他们的污水不会被排放到饮用水中，他们有很好的初级医疗保健体系，母亲们会读书写字。儿童死亡率不仅关系到儿童健康问题，它衡量的是整个社会的质量。[85]

罗斯林对儿童死亡率的理解和塞德对赛马心脏数据的使用证明，一条准确的信息可以让复杂的系统变得更容易理解。

投资频率问题中也有这样的重要信息，可以指导所有投资决策。

大多数市场在大多数时候都会上涨

可以指导你所有投资决策的一条信息是：
大多数市场在大多数时候都会上涨。
这是事实，尽管人类历史的进程是混乱的，有时是破坏性的，正如沃伦·巴菲特强调的那样：

在20世纪，美国经历了两次世界大战、代价高昂的军事冲突以及其他重创，大萧条，十几次的衰退和金融恐慌，石油危机，流感肆虐，以及一位名誉扫地的总统的辞职。然而道琼斯指数却从66点上升到11 497点。[86]

这种逻辑不仅仅适用于美国市场。正如我在第十章开头所阐述的那样，全球股市都呈现出长期上升趋势。

鉴于这些经验数据，建议你尽快投资。

为什么？

因为大多数市场在大多数时间都在上涨，现在的等待往往意味着将来必须支付更高的价格。因此，与其等待投资的最佳时机，不如大胆尝试，投资你现在可以投资的东西。

我们可以用一个相当荒谬的思想实验来说明这一点。

想象一下，你收到了100万美元的礼物，你想在接下来的100年里最大限度地使之增值。然而，你只能从以下两种可能的投资策略中选一种：

1. 现在把所有钱都用于投资；
2. 未来100年，每年投资1%的现金。

你更倾向于哪种策略？

如果我们假设你所投资的资产会随着时间的推移而增值（否则你为什么要投资？），那么很明显，现在投资比100年后投资要好。等上一个世纪再投资意味着你将支付更高的价格，而你未投资的现金也会因为通胀而贬值。

我们可以将同样的逻辑运用于远小于100年的时间。因为如果你不愿意等上100年，那么你也不应该等100个月或100个星期。

正如那句老话所说："种一棵树最好的时间是10年前，其次是现在。"

当然，你总感觉这不是正确的决定，因为你总想着未来的价格可能会更低。

你猜怎么着？这种感觉是准确的，因为很有可能未来的价格会更低。

然而，数据表明，最好的办法是完全忽略这种感觉。

我们现在来看看为什么未来可能会有更低的价格，为什么你不应该等到最低价格再投资，以及为什么你应该尽早投资。尽早投资是投资美国股市的最佳策略，也是投资几乎所有其他资产类别的最佳策略。

为什么未来可能会有更低的价格
（以及为什么你不应该等待）

如果你在 1930—2020 年随便哪一天买入道琼斯工业平均指数，那么它在未来某个交易日回调的可能性超过 95%。

这意味着大约 20 个交易日中有 1 个交易日（一个月一次）会给你提供绝对的机会，而另外 19 个交易日会让你在未来的某个时候感到后悔。

这就是为什么等待更低的价格再买入似乎是正确的。从概率上看，你有 95% 的机会是正确的。

事实上，自 1930 年以来，你买入道琼斯工业平均指数后等待更低价格的时间中位数是两个交易日，但平均为 31 个交易日（1.5 个月）。

真正的问题是，有时较低的价格永远不会出现，或者需要很长一段时间才能等到较低的价格。

例如，2009 年 3 月 9 日，道琼斯工业平均指数收盘于 6 547 点。这正是大萧条的底部。

你知道在那之前，道琼斯工业平均指数收于 6 547 点以下是什么时候吗?

1997 年 4 月 14 日——12 年前。

这意味着,如果你在 1997 年 4 月 15 日买入道琼斯指数,你将需要近 12 年才能等到更低的价格。对所有投资者来说,有耐心等待这么长时间以获得更好的价格几乎是不可能的。

这就是为什么市场择时虽然在理论上很有吸引力,但在实践中却很难。

因此,最好的择时就是尽快投资。这并不是我的一家之言——多个资产类别和多个时间段的历史数据都支持这一观点。

现在投资还是以后投资

在我们开始数据分析之前,让我们定义一些后文将会用到的专业术语。

- **一次性买入**:一次性投资所有可用资金。投资金额并不重要,重要的是立即全部投入。
- **平均买入**:将所有可用资金在一定时期内分批进行投资的行为。如何按时间分配资金取决于你自己。然而,典型的方法是在特定的时间段内等额投资(例如,每月投资 1 次,为期 12 个月)。

我们可以从图 12.1 中看到一次性投资 1.2 万美元与在 12 个月内平均投资 1.2 万美元的区别。

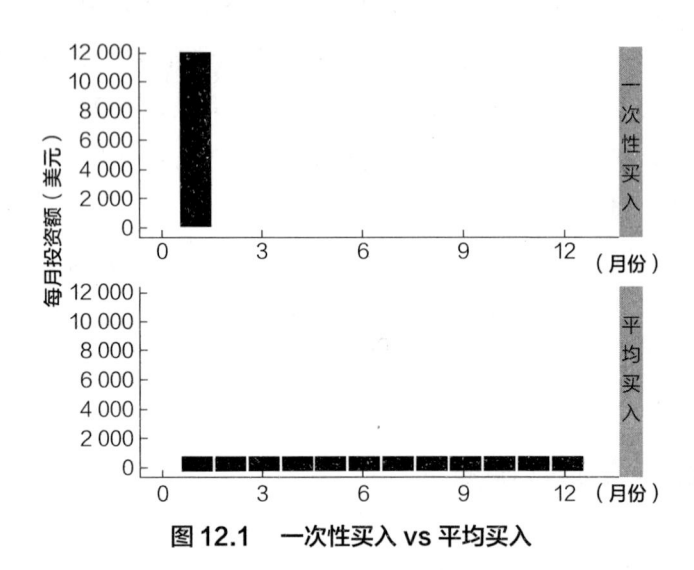

图 12.1 一次性买入 vs 平均买入

通过"一次性买入",你在第一个月投资了 12 000 美元(你的全部资金),但"平均买入"是指在第一个月,你只投资 1 000 美元,其余的 11 000 美元将在未来 11 个月内以每月投资 1 000 美元的形式均摊。

如果你曾通过这两种方法投资标准普尔 500 指数,你会发现大多数情况下平均买入策略的表现不如一次性买入策略。

更准确地说,1997—2020 年,每连续 12 个月内,平均买入策略的收益比一次性买入策略的收益低 4%,而有 76% 的时间两者持平。

虽然 4% 在一年中可能看起来不多,但这只是平均水平。随着时间的推移,金额不容小觑。

图 12.2 便说明了这一点——它显示了自 1997 年以来,每连续 12 个月内投资于标准普尔 500 指数,平均买入策略较一次性买入策略的溢价。

图 12.2 连续 12 个月平均买入策略与一次性买入策略投资美国标准普尔 500 指数的业绩表现

这条线上的每一点都代表了未来 12 个月内平均买入和现在一次性买入策略之间的收益差异。例如,这条线的最高点出现在 2008 年 8 月,一年内平均买入策略比一次性买入策略的收益高 30%。

为什么在 2008 年 8 月,相较于平均买入策略而言,一次性买入策略的表现如此之差?

因为美国股市在 2008 年 8 月之后不久暴跌。更具体地说，如果你在 2008 年 8 月底在标准普尔 500 指数上投资了 1.2 万美元，到 2009 年 8 月底，你将只剩下 9 810 美元（包括股息再投资），总损失为 18.25%。

然而，如果你遵循平均买入策略，在同一时期每月投资 1 000 美元，到 2009 年 8 月底，你将有大约 1.35 万美元（或约为 12.5% 的收益）。

这说明了从 2008 年 8 月到 2009 年 8 月平均买入策略如何获得了 30% 的投资溢价。

不过，我们从图 12.2 中得到的真正收获不是这个峰值，而是这条曲线经常低于 0。当曲线低于 0 时，平均买入策略的表现不如一次性买入策略，当曲线高于 0 时，平均买入策略的表现优于一次性买入策略。

正如大家看到的，大多数时候，平均买入策略的表现不如一次性买入策略。这也不仅仅是近因偏差。如果回顾一下 1920 年以来的美国股市，我们会发现，每连续 12 个月内，平均买入策略的收益比一次性买入策略的收益低 4.5%，而在 68% 的时间中两者持平。图 12.3 说明了这一点。

只有在市场崩盘之前的峰值时刻，平均买入策略的表现才会优于一次性买入策略（如 1929 年、2008 年等）。这是说得通的，因为平均买入策略在市场开始下跌时买入，因此，买入的平均价格低于一次性买入的价格。

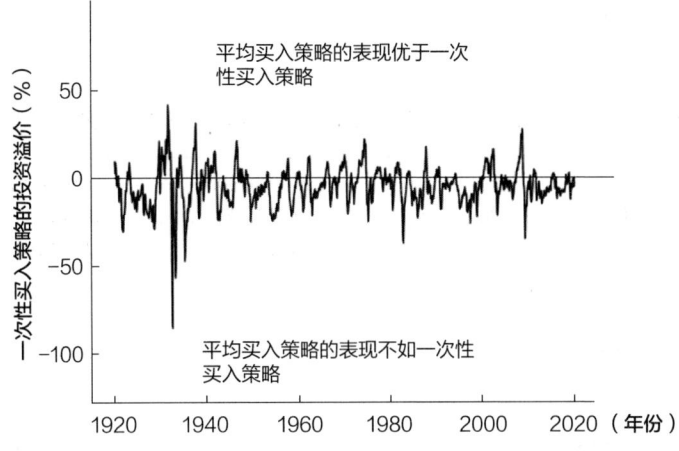

图 12.3　连续 12 个月平均买入策略与一次性买入策略投资美国股票的业绩表现

虽然我们似乎总是处于市场崩盘的边缘，但事实是，重大下跌是相当罕见的。这就是为什么大部分时间里，平均买入策略的收益低于一次性买入策略。

正如我们上面所看到的，在投资股票时，一次性买入比平均买入要好，但其他资产呢？

美股以外的资产呢？

我没有用很多图表来说明在各种资产类别中，一次性买入比平均买入要好，而是做了一个汇总表。表 12.1 显示，在 1997—2020 年的所有 12 个月期间，平均买入策略要比一次性买入策略差多少。

表12.1 各类资产平均买入策略相较于一次性买入策略表现汇总表

资产（1997—2020年）	12个月期间平均买入策略收益低多少	收益较低的时间在12个月内的占比
比特币（2014—2020年）	96%	67%
美国国债指数	2%	82%
黄金	4%	63%
发达市场股票	3%	62%
新兴市场股票	5%	60%
60%股票/40%债券的投资组合	3%	82%
标准普尔500指数	4%	76%
美国股票（1920—2020年）	4%	68%

表12.1显示，在1997年至2020年的任何12个月期间，对黄金来说，平均买入策略的收益比一次性买入策略的收益低4%，且收益低的时间占比为63%。

正如大家看到的，对大多数资产来说，任何12个月内，平均买入策略的收益比一次性买入策略的收益低2%~4%，且收益低的时间占比为60%~80%。

这意味着，如果你随机选择一个月开始平均买入一项资产，其收益很可能会低于该月对该资产的一次性买入。

两种策略的风险差异

到目前为止,我们只比较了一次性买入策略和平均买入策略的收益差异,但我们知道,投资者也关心两种策略的风险差异。

一次性买入是不是比平均买入风险更大?答案是肯定的!

如图12.4所示,当投资标准普尔500指数时,一次性买入策略的标准差总是高于平均买入策略。标准差显示了一个特定的数据序列与其平均结果的偏离程度。因此,标准差越高,投资策略的风险也越高。

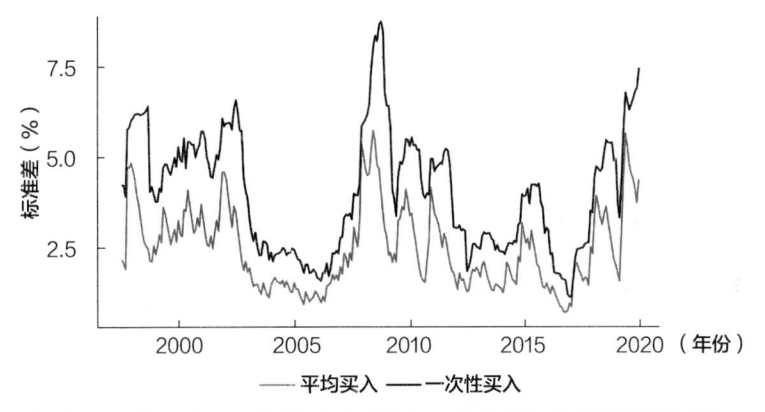

图12.4 连续12个月平均买入策略与一次性买入策略投资标准普尔500指数的标准差

的确,一次性买入风险更高,因为一旦买入,就相当于承担了相关资产的全部风险,而平均买入策略在整个买入期间都会持有部分现金。我们知道，股票的风险比现金高，因此，你持有的股票越多，风险就越高。

然而，如果担心风险，那么也许你应该考虑一次性买入更保守的投资组合。

例如，如果你原本打算用平均买入策略建立一个股票投资组合，你现在可以考虑用一次性买入策略投资 60% 股票 /40% 债券，在相同的风险水平下获得略好的收益。

如图 12.5 所示，自 1997 年以来的大部分时间里，与其平均买入股票，不如按 60% 股票 /40% 债券的比例一次性买入股票和债券。

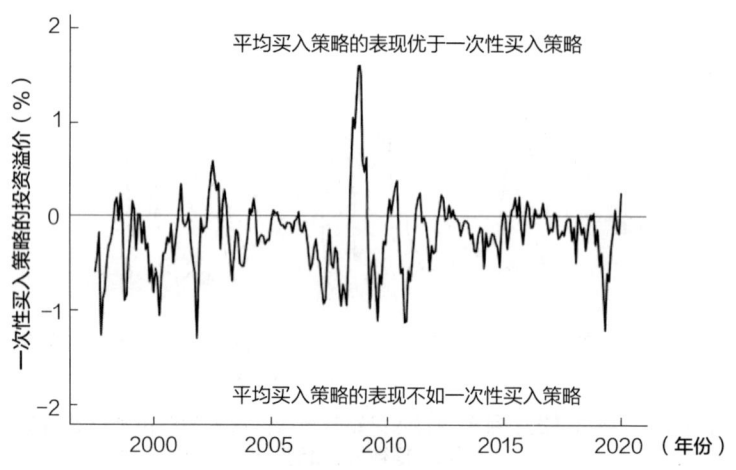

图 12.5　连续 12 个月平均买入标准普尔 500 指数 vs 一次性买入 60% 股票 /40% 债券的投资组合

是的，在这种情况下，一次性买入虽然只能获得略高一点儿的收益，但你也正承担着相同（或更低）的风险。这就是投资者想要的：收益更高，风险更低。图 12.6 显示了这两种策略在此期间的连续标准差。

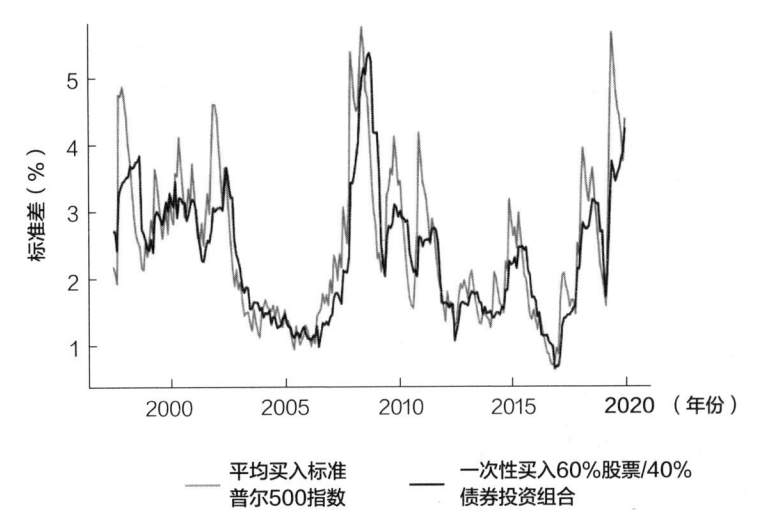

图 12.6 连续 12 个月平均买入标准普尔 500 指数与一次性买入 60% 股票/40% 债券投资组合的标准差

正如大家所看到的，在大多数时候，一次性买入 60% 股票/40% 债券投资组合比平均买入标准普尔 500 指数（100% 股票）的风险要低。

总而言之，按 60% 股票/40% 债券的配置一次性买入风险平衡的投资组合带来的收益通常要高于平均买入股票的投资。

因此，如果你担心一次性买入股票带来的风险，更好的选择是一次性买入风险较低的投资组合，例如 60% 股票/40% 债券，而不是平均买入股票。

将闲散资金投资于美国国债会有不同吗

对这种分析的一种常见的批评是，平均买入策略假设在投资过程中，还未投资的钱都以现金的形式持有。一些人认为，这部分现金应该投资于美国国债，以获取收益。

我在理论上同意这个逻辑，但问题是，大多数投资者在实践中并没有遵循这个建议。很少有投资者在陆续买入股票的同时将闲散资金投资于美国国债。

之所以这么说，是与我交谈过的财务顾问告诉过我，他们与那些潜在客户进行过无数次谈话，那些人持有现金很多年，只为了等待合适的时机进入市场。

美国个人投资者协会每月进行的资产配置调查结果也显示，自 1989 年以来，平均而言，个人投资者的投资组合中有超过 20% 的现金配置。[87]

尽管这个前提并不成立，因为投资者在实践中不会这样做，但我还是查阅了相关数据。表 12.2 显示，即使你在平均买入的过程中将闲散资金投资于美国国债，其收益还是低于一次性买入。

表 12.2 显示，对于在 1997 年至 2020 年任何 12 个月内平均买入比特币（同时将现金投资于美国国债）的投资者，其平

表12.2 将闲散资金投资于美国国债的情况下各类资产平均买入策略相较于一次性买入策略表现汇总表

资产（1997—2020年）	12个月期间平均买入策略收益低多少	收益较低的时间在12个月内的占比
比特币（2014—2020年）	96%	65%
美国国债指数	1%	72%
黄金	3%	50%
发达市场股市	2%	60%
新兴市场股市	4%	57%
60%股票/40%债券的投资组合	2%	77%
标准普尔500指数	3%	74%

均收益为一次性买入策略平均收益的96%，且在65%的时间里表现不佳。

与表12.1的主要区别是：表12.1中平均买入策略相较于一次性买入策略的收益低2%~4%，而表12.2的收益低1%~3%，而且收益较低的时间在12个月内的占比为60%~70%（而不是70%~80%）。在将闲置资金投资于美国国债的情况下，虽然平均收益的差额有所减少，但仍然存在。

估值重要吗

当我建议一次性买入而不是平均买入时，常见的反应是：

"这在正常情况下是有道理的,但在极端估值情况下是没有道理的!"

因此,当整个市场的估值都在上升时,这是否意味着我们应该重新考虑平均买入策略?

不尽然。

对外行来说,这里有必要解释一下。我使用的估值比率被称为"周期性调整市盈率(CAPE)"。周期性调整市盈率是衡量在股市中你需要支付多少钱才能获得1美元收益的指标。所以当周期性调整市盈率为10倍时,意味着你需要为1美元的收益支付10美元。当周期性调整市盈率较高时,股票更贵,当周期性调整市盈率较低时,股票更便宜。

我们如果将1960年以来平均买入策略与一次性买入策略的表现按周期性调整市盈率百分位进行细分,就可以看到,在所有情况下,平均买入策略的收益均低于一次性买入策略(如表12.3所示)。

表12.3 1960年以来平均买入策略相较于一次性买入策略表现汇总表

周期性调整市盈率倍数及百分位	12个月期间平均买入策略表现差多少	表现较差的时间在12个月内的占比
<15倍(<第25百分位)	5%	67%
15~20倍(第25~50百分位)	4%	68%
20~25倍(第50~75百分位)	3%	71%
>25倍(第75百分位)	2%	70%

平均买入策略与一次性买入策略的收益差确实随着周期性调整市盈率的提高而减少，但不巧的是，我们在试图分析估值最高的时期时，遇到了样本数量问题。

例如，如果我们只考虑周期性调整市盈率大于 30 倍（大约是 2019 年底的水平）的情况，那么在未来 12 个月里，平均买入策略比一次性买入策略的收益高 1.2%。然而，在过去 10 年间，周期性调整市盈率超过 30 倍的情况只在互联网泡沫时出现过！

但你如果因为周期性调整市盈率太高而等待，就可能会错过一些大额收益。例如，周期性调整市盈率最近一次超过 30 倍是在 2017 年 7 月。如果你当时转而持有现金，到 2020 年底，你将错过标准普尔 500 指数 65% 的涨幅（含股息）。

如果你认为市场估值过高，应该大幅回调，你可能需要等待多年，才能证明你是正确的。在你用估值作为持有现金的借口之前，请考虑这一点。

本章总结

当考虑一次性买入还是分批买入时，现在一次性买入总是更好的选择。这适用于任何资产、任何时间以及任何估值方式。一般来说，等待时间越长，收益越低。

我说"一般"是因为，在市场崩盘时，分批买入可以获得更好的收益。然而,恰恰是在市场崩盘的时候,你最不愿意投资。

这种情绪很难被消除,所以许多投资者无论如何都无法在市场下跌时持续买入。

如果你现在仍然担心一次性投入一大笔钱,真正的问题可能是你正在考虑的投资组合对你来说风险太大。这个问题如何解决呢?方法是现在一次性买入更保守的投资组合。

如果你的目标投资组合配置是 80% 股票 /20% 债券,你可以考虑现在一次性买入 60% 股票 /40% 债券的投资组合,并慢慢过渡。例如,你可以现在投资 60% 股票 /40% 债券的投资组合,并制订一个具体的计划,一年后过渡到 70% 股票 /30% 债券,再一年后过渡到 80% 股票 /20% 债券。

这样,你仍然可以在不承担太多风险的情况下获得一些收益。

既然我们已经讨论了为什么现在投资比等待更好,接下来让我们来回答为什么你永远不应该等待逢低买入的问题。

第十三章
为什么不应该等待逢低买入

即使是上帝也无法打败定期定额投资法

如果上一章没有说服你坚决放弃择时买入，那么这一章肯定会。这个说法有点儿狂妄，但我可以用数据来证明。

首先，我们来玩儿个游戏。

假设你被扔到1920年到1980年的某个时间。你必须在接下来的40年里投资于美国股市，并只有两种投资策略可以选择：

1. **定期定额投资法**：每月投资100美元，坚持40年。
2. **逢低买入**：每月节省100美元，只在市场低点买入。这里"低点"的定义是"市场没有处于历史高点"。但是，我要把这种策略做得更好。你不仅能逢低买入，我还会让你知道应该什么时候买（上帝视角）。你会确切地知道市场何时处于绝对底部从而确保你总能以尽可能低的价格买入。

这个游戏的另一个规则是，你不能随意买入卖出股票。一旦你购买了这些股票，你就要一直持有。

那么，你会选择哪种策略：定期定额投资法还是逢低买入？

从逻辑上讲，逢低买入似乎肯定不会错。如果你知道市场什么时候处于底部，你总是能以相对于那个历史高点的低价买入。

然而，如果你真的执行这种策略，你会看到在从1920年到1980年的某个40年期间里，逢低买入的收益比定期定额投资法低70%以上。这是真的，尽管你确切地知道市场何时会触底。

即使是上帝也无法打败定期定额投资法！

为什么会这样？因为只有当你知道暴跌即将到来，你可以完美地把握时机时，逢低买入才有效。

问题是，市场暴跌并不经常发生。在美股历史上，严重的下跌只发生在20世纪30年代、70年代和21世纪初期。这意味着逢低买入战胜定期定额投资法的概率很小。

逢低买入战胜定期定额投资法需要无可挑剔的时机和上帝视角。错过底部短短两个月的时间，逢低买入优于定期定额投资法的概率就会从30%降至3%。

我说的话或许还不足以为信，接下来让我们深入研究一下细节，来看看为什么会这样。

了解如何逢低买入

首先,让我们看看 1996 年 1 月至 2019 年 12 月为期 24 年的美国股市,以熟悉这一策略。

图 13.1 显示了标准普尔 500 指数(含股息,经通胀调整后)在这 24 年内的走势,小灰点为历史高点。

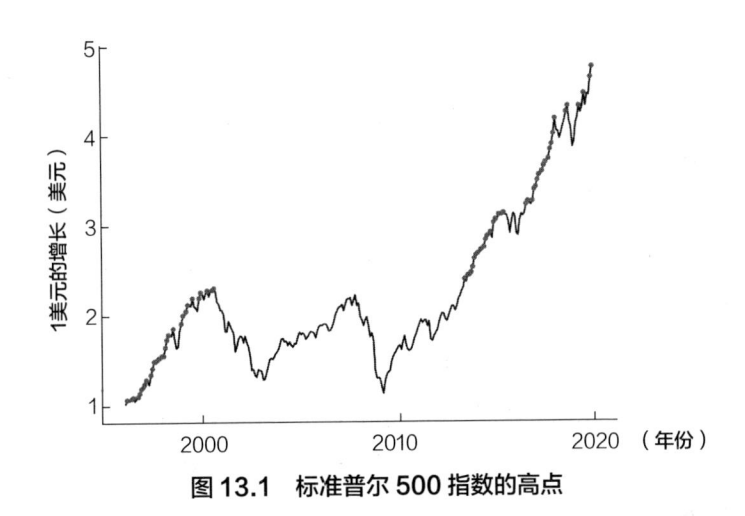

图 13.1 标准普尔 500 指数的高点

现在,我将展示一张几乎与上面完全相同的图,但在市场的每一次下跌(两个历史高点之间的最低点)都增加了一个黑点。这些点是逢低买入策略买入的点(如图 13.2 所示)。

正如你在图 13.2 中所看到的,相对最大跌幅发生在任何两个历史高点(灰点)之间的最低点(黑点)。在此期间,最大的一次下跌发生在 2009 年 3 月(2010 年之前唯一的黑点),

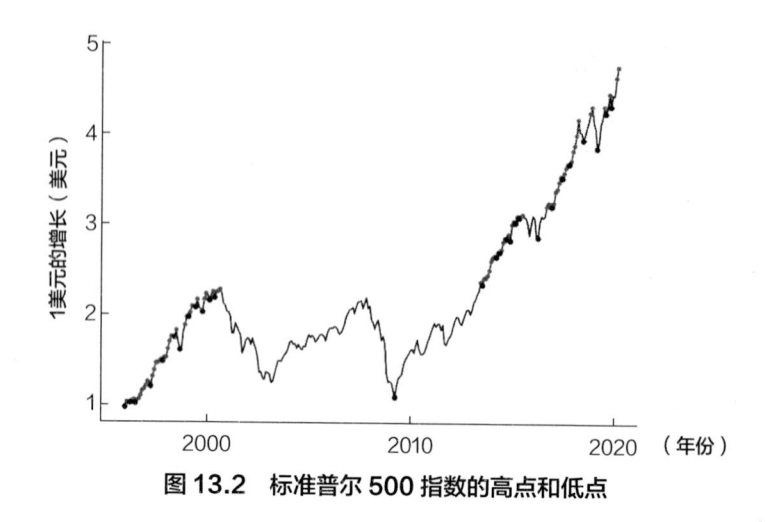

图 13.2　标准普尔 500 指数的高点和低点

这是 2000 年 8 月市场高点后的最低点。

然而，你也会注意到，在历史高点之间也有许多不那么显著的下跌。这些下跌集中在牛市期间（20 世纪 90 年代中后期和 20 世纪第一个十年的中期）。

为了可视化逢低买入策略是如何运作的，我标出了该策略在 1996 年至 2019 年期间在市场上的投资金额及其现金余额（见图 13.3）。

每当该策略买入（黑点），现金余额（灰色阴影区域）就会趋于零，投资金额相应向上移动。这一点在 2009 年 3 月最为明显，当时，该策略在持有近 9 年现金之后，逢低买入了 10 600 美元股票。

比较一下逢低买入和定期定额投资法的投资组合价值，你就会发现，逢低买入在 2009 年 3 月前后表现开始优于大

图 13.3 逢低买入

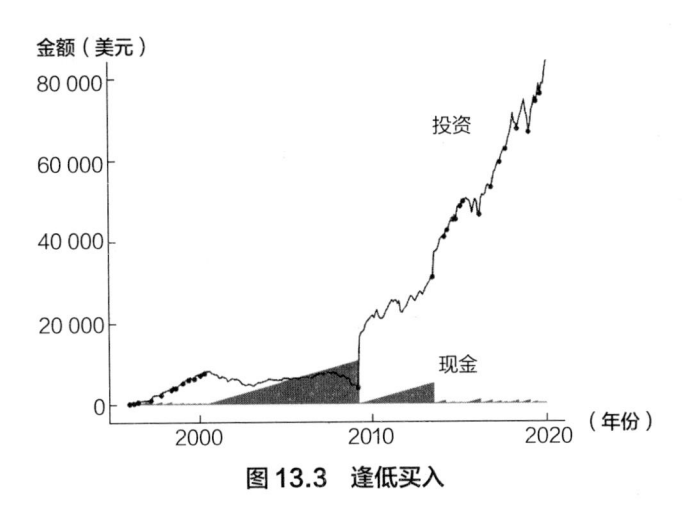

盘，见图 13.4。同样，黑点代表逢低买入策略的每一次买入。

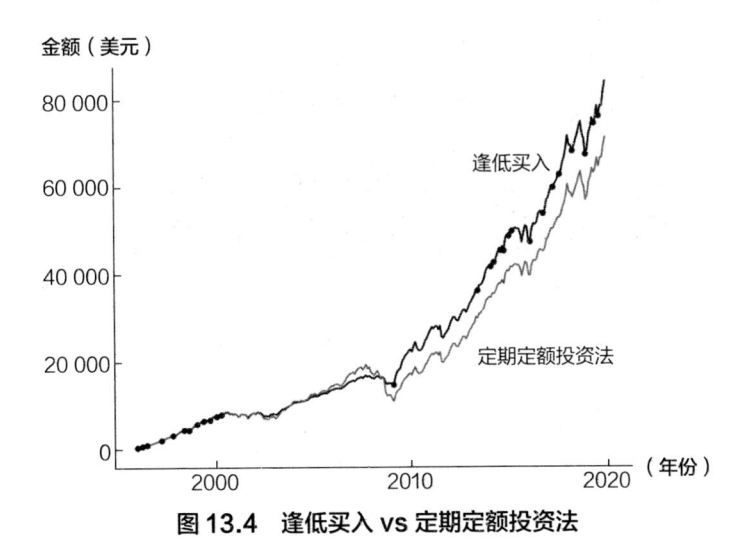

图 13.4 逢低买入 vs 定期定额投资法

第十三章 为什么不应该等待逢低买入

如果你想了解为什么某一次买入如此重要,让我们考虑一下定期定额投资法的每一次买入最终增长了多少,以及逢低买入的买入时机。图 13.5 显示了每 100 美元的投资在 2019 年 12 月的现值。

例如,1996 年 1 月投资的 100 美元到 2019 年 12 月增值到 500 多美元。黑点再次代表逢低买入的买入时间。

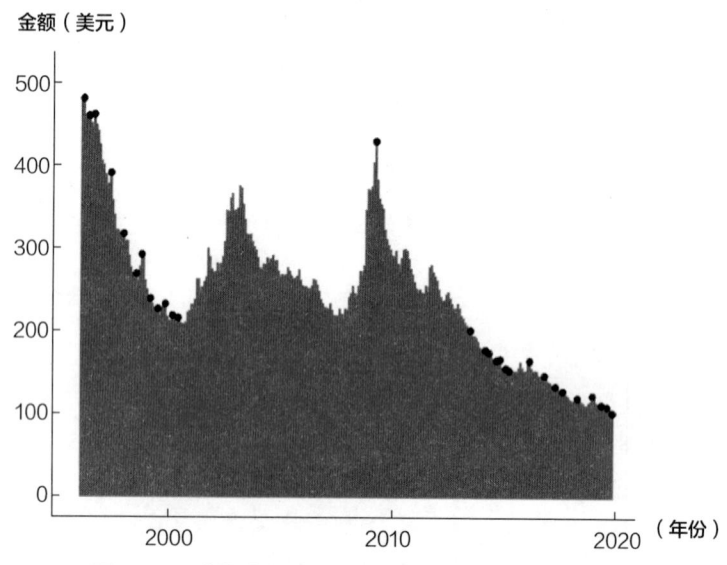

图 13.5　定期定额投资法和逢低买入每一单位投资的最终增长金额

图 13.5 显示,在 2009 年 3 月每投资 100 美元,到 2019 年 12 月将增长到近 450 美元,这就是逢低买入的力量。

对此,还有两件事需要注意:

1. 平均而言，早期的买入会增长更多（复利作用！）。
2. 有的月份（例如 2003 年 2 月和 2009 年 3 月），某些买入比其他月份的增长多得多。

如果我们把这两个点放在一起，那意味着在该时期市场大跌之前，逢低买入将优于定期定额投资法。

最好的例子是 1928—1957 年（如图 13.6 所示），因为这段时间包含了美国股市历史上最大的下跌（1932 年 6 月）。

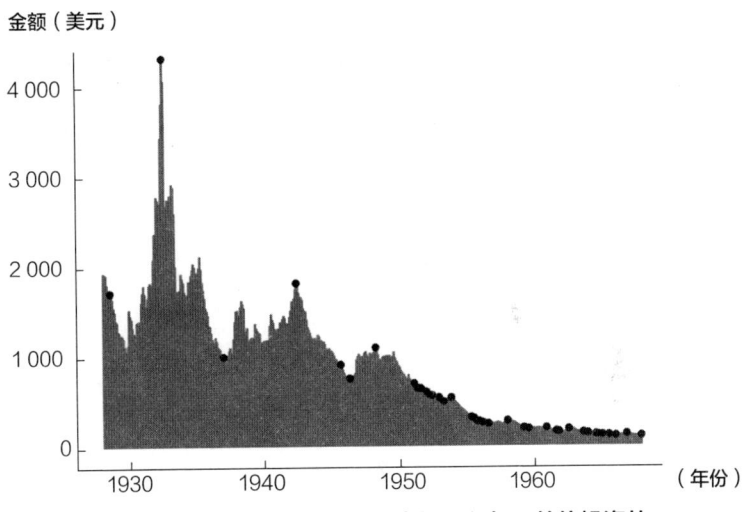

图 13.6 定期定额投资法和逢低买入每一单位投资的最终增长金额

1928—1957 年，逢低买入的效果非常好，因为早期可以逢低买在最低点（1932 年 6 月）。你在 1932 年 6 月市场底部投资的每100美元,到1957年都会增长到4 000美元!在美股历史上,没有任何一个时期能匹敌这个水平。

我知道这听起来像我在努力推广逢低买入,但1996—2019年和1928—1957年恰好出现长期、严重的熊市。

如果我们从更长的时间维度来看(从历史上看),大多数时候逢低买入带来的收益一般都达不到预期。图13.7显示了逢低买入(与定期定额投资法相比)在每40年期间的较好表现。较好表现的衡量方式是逢低买入投资组合的最终价值除以定期定额投资法投资组合的最终价值。

当逢低买入表现更优时,曲线在0以上,而当其表现更差时,曲线在0以下。确切地说,超过70%的时间,逢低买入带来的收益低于定期定额投资法。

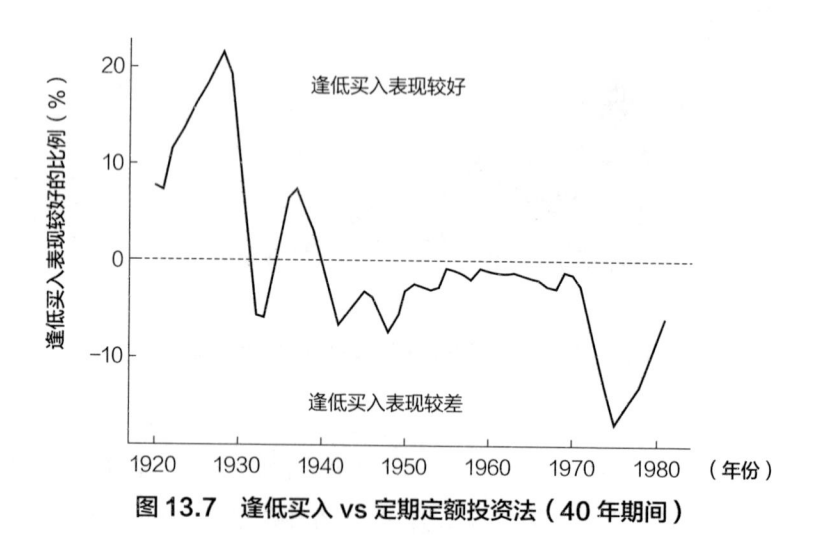

图13.7 逢低买入 vs 定期定额投资法(40年期间)

你可以从图 13.7 中注意到，由于 20 世纪 30 年代严重的熊市，从 20 世纪 20 年代开始，逢低买入表现良好，投资组合的最终价值比定期定额投资法高 20%。然而，在 20 世纪 30 年代的熊市之后，逢低买入表现变差，并继续恶化。其表现最差的一年（相对于定期定额投资法）发生在 1974 年熊市之后（从 1975 年开始投资）。

1975—2014 年这段时间对逢低买入尤其不利，因为错过了 1974 年的底部。从 1975 年开始，市场的下一个历史高点直到 1985 年才出现，这意味着该策略直到 1985 年之后才有可能买入。

由于逢低买入的时机不佳，定期定额投资法很容易获得高收益。图 13.8 显示了从 1975 年开始的 40 年里，逢低买入与定期定额投资法的对比。与前文一样，黑点表示逢低买入的时机。

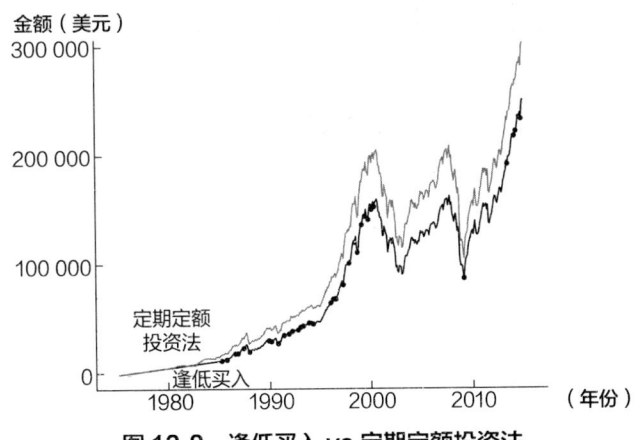

图 13.8 逢低买入 vs 定期定额投资法

第十三章　为什么不应该等待逢低买入

正如大家所看到的，定期定额投资法从始至终都优于逢低买入。尽管逢低买入在这段时间内赶上了少数几次大幅下跌，但因为这些下跌发生在这段时间的后期，带来的复利较少。

图 13.9 所呈现出的这段时间投资的增长额更能说明这一点。

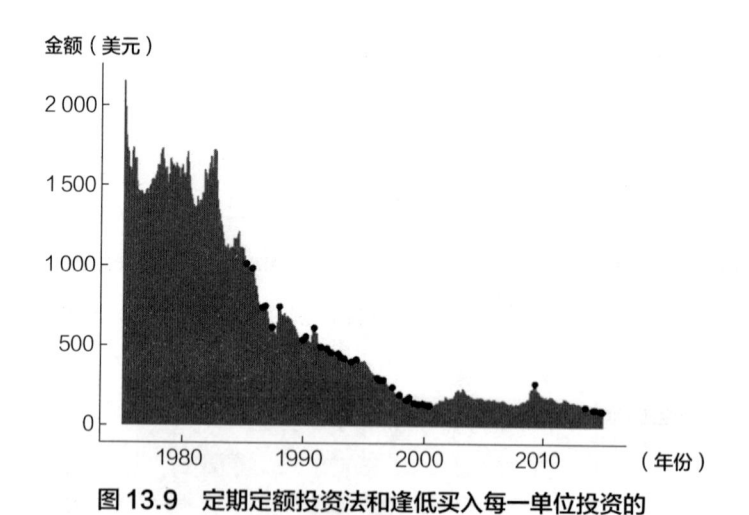

图 13.9　定期定额投资法和逢低买入每一单位投资的最终增长金额

与 1928—1957 年或 1996—2019 年不同，逢低买入不会在 1975—2014 年早期大幅下跌时买入。它确实可以在 2009 年 3 月的下跌时买入，但这发生在后期，无法提供足够的收益来超过定期定额投资法。

这表明，即使有充分的信息，逢低买入的表现通常也比定期定额投资法差。因此，你如果持有现金，希望在下一个底部买入，结果可能会比现在买入更糟糕。

为什么？

因为当你等待心爱的美食时，你会发现它永远不会到来。结果，你会错过几个月（或更多）的复利，因为市场不断上涨，把你甩在后面。

到目前为止，我们一直假设你会确切地知道什么时候是市场底部。但是，在现实中，你永远不会确切地知道这一点。你永远不可能精准地预见市场底部，这是逢低买入无法克服的问题。

如果在市场触底两个月后逢低买入，猜猜结果如何？仅仅错过底部两个月就导致其在97%的时间里表现不如定期定额投资法！即使是那些善于预测市场底部并能在两个月内预测市场绝对底部的人，从长远来看也会亏损。

本章总结

本章的主要目的是重申持有现金逢低买入是徒劳的。**持续买入的结果会更好**。而且，正如我们在前一章中所看到的，通常越早投资越好。综上所述，结论是不可否认的：

你应该尽快、尽可能多地投资。

这就是持续买入的核心理念，它超越了时间和空间。

例如，如果你从 1926 年起随机选择一个月，开始购买一篮子美国股票，并在接下来的 10 年里一直买入，那么你有 98% 的概率战胜持有现金的投资者，有 83% 的概率战胜 5 年期美国国债的投资者。更重要的是，在这样做的时候，你往往能获得 10.5% 的收益。[88]

如果你对 1970 年以来的一组全球股票进行类似的操作，10 年内，你将在 85% 的时间超过持有现金的投资者，获得约 8% 的收益。[89]

在这两种情况下，创造财富的方法都是一样的——**持续买入**。

毕竟，连上帝都不能战胜定期定额投资法，你还有什么机会？

上帝仍然会笑到最后

在处理本章的数据时，我学到的最重要的事情是，我们的投资生命有多依赖于运气（术语是"收益风险序列"，我们将在下一章中讨论）。

例如，在本章分析中，收益最高的 40 年是 1922—1961 年，你平均买入的 4.8 万美元（40 年 × 12 个月 × 100 美元）增长到了 50 万美元以上（经通胀调整后）。

而在最糟糕的 1942—1981 年，4.8 万美元仅仅增长到了

15.3万美元。这是226%的差异，比任何策略之间的差异都大得多！

遗憾的是，这说明你的策略不如市场的表现重要。上帝仍然笑到了最后。

话已至此，下面就让我们来看看运气在投资中的作用吧！

第十四章
为什么投资要靠运气

为什么你又不应该在乎运气

在20世纪70年代末，出版界的流行观点是，一个作者一年只能出一本书。他们的想法是，一年出版的书超过一本会冲淡作者的知名度。

这对斯蒂芬·金来说是个问题，因为他以每年两本书的速度写书。金没有因此放慢脚步，而是决定以理查德·巴赫曼的笔名发表他的其他作品。

在接下来的几年里，金出版的每部作品都卖出了数百万册，而理查德·巴赫曼却一直默默无闻。金是一个传奇人物，而巴赫曼是个无名小卒。

然而，当华盛顿特区一位叫史蒂夫·布朗的书店职员注意到金和巴赫曼的写作风格相似时，这一切都改变了。在看到证据后，金承认了，并同意在几周后接受布朗的采访。法兰斯·约翰森在他的《运气生猛》一书中讲述了这个故事。

1986年，秘密一经公开，金就以他的真名重新出版了巴赫曼的所有作品，这些作品在畅销书排行榜上一路飙升。《瘦到死》第一版已经卖出了2.8万本，是巴赫曼所有作品中销量最高的，也高于普通作家的平均水平。然而，当人们知道理查德·巴赫曼就是斯蒂芬·金的那一刻，巴赫曼的书就开始迅速畅销，销量最终达到了300万册。

无独有偶，J. K. 罗琳也曾以罗伯特·加尔布雷恩为笔名出版过一本名为《布谷鸟的呼唤》的书，这本书后来被一个从事文本分析的人发现是罗琳的作品。[90]

在公众发现加尔布雷恩就是罗琳后不久，这本书的销量增长了15万多倍，从之前的亚马逊畅销书排行榜第4 709位跃居第三位。[91]

金和罗琳对笔名写作的尝试都表明，运气在成功中扮演了一定的角色，这一点虽然残酷，却是事实。虽然金和罗琳的成就不仅仅是偶然的，但很难解释为什么他们的书销量达到了数百万本，而巴赫曼和加尔布雷恩却没有，尽管几部作品的水平差不多。运气起着重要的作用。

不幸的是，同样的神秘力量可以成就或破坏你的职业生涯，也可以对你的投资结果产生巨大的影响。

你的出生年份如何影响你的投资收益

你可能会认为,像出生年份这样随机的事情对积累财富的能力几乎没有影响,但你错了。纵观历史你会发现,股票市场往往会经历难以预测的起起伏伏。

为了说明这一点,请思考标准普尔500指数自1910年以来以10年为单位的年化收益率(含股息,经通胀调整后)。

正如你在图14.1中所看到的,投资年份不同,收益也不同:你10年获得的年化收益率可能是16.6%,也可能是−3.1%。在与投资决策无关的情况下,二者的年化收益率仍然相差20个百分点。

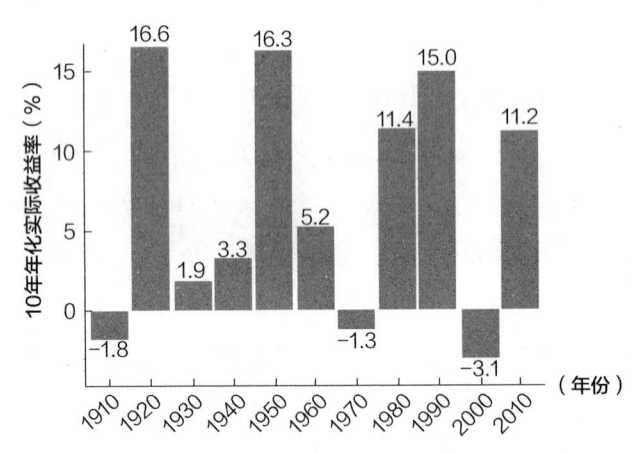

图14.1 标准普尔500指数幸运和不幸的10年

然而,这只是投资冰山的一角。因为如果把投资期限延长到 20 年，年化收益率的差异仍然很大。

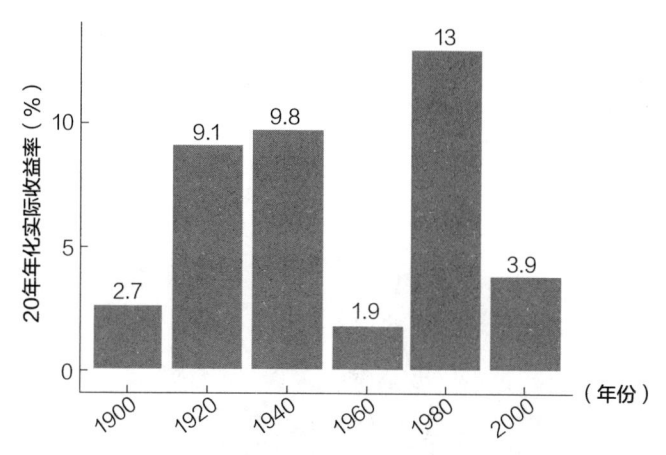

图 14.2　20 年期间标准普尔 500 指数的收益情况

在 20 年的时间里，最好的情况下你可以获得 13% 的年化收益率，而最坏的情况下你只能获得 1.9% 的年化收益率。

由于这种收益随着时间的推移而变化，即使是具备一定技能的投资者，也可能表现得不如那些仅仅拥有幸运的投资者。

例如，即使你从 1960 年到 1980 年每年跑赢市场 5%，你赚的钱也会比你从 1980 年到 2000 年每年跑输市场 5% 赚的钱少。这是事实，因为 1960—1980 年的年化实际收益率为 1.9%，而 1980—2000 年为 13%（1.9%+5% < 13%-5%）。

想想看：一个出色的投资者（每年跑赢市场 5%）赚的钱会比一个糟糕的投资者（每年跑输市场 5%）少，这仅仅是因为他们开始投资的时间不同。这是一个精心挑选的个例，但它展示了熟练投资者（表现优异的投资者）如何仅仅因为在艰难的市场环境中投资而输给非熟练投资者（表现不佳的投资者）。

这里唯一的好消息是，在30年期间，年化收益率的差异要小得多（如图14.3所示）。

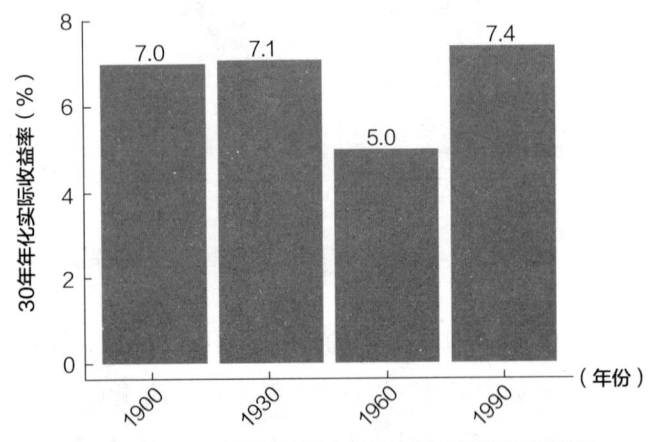

图14.3 30年期间标准普尔500指数的收益情况

尽管我们只研究了四个不重叠时期的数据，但这些数据表明，美国股市的长期投资者通常会因为他们的努力而获得回报。虽然这个结论在未来可能不成立，但根据历史记录，我认为它会成立。

我们已经研究了运气如何根据时间的不同影响你的总投资收益，接下来我们还需要考虑投资收益的顺序以及顺序为什么重要。

为什么投资收益的顺序很重要

假设你把 1 万美元存入一个投资账户,在未来四年里,该账户的收益如下:

- 第一年 +25%
- 第二年 +10%
- 第三年 −10%
- 第四年 −25%

如果你以不同的顺序得到收益,结果会更好吗?例如,假设你获得了与上述相同的收益,但顺序相反:

- 第一年 −25%
- 第二年 −10%
- 第三年 +10%
- 第四年 +25%

这会影响你 1 万美元初始投资的最终价值吗?

答案是不会。

当进行一项投资时,在不增加或减去额外资金的情况下,你的收益顺序并不重要。如果你不相信我,花一分钟试着证明 3×2×1 不等于 1×2×3。

第十四章 为什么投资要靠运气

但如果随着时间的推移，你的钱会增加（或减少）呢？那么收益顺序重要吗？

答案是肯定的。当你的资金随着时间的推移而增加时，未来的收益更重要，因为未来有更多的资金承担风险。因此，随着你投入更多的钱，未来收益的重要性也更大。这意味着，在增加本金后，负收益将比在增加这些本金之前让你损失更多。

由于大多数个人投资者会随着时间的推移增加本金，投资收益的顺序比你将面临的几乎任何其他金融风险都更重要。这一般被称为收益风险序列，可以用下面的思想实验来解释。

想象一下，在两种不同的情况下，每年存下 5 000 美元，持续 20 年。

1. **前期负收益**：在前 10 年内获得 –10% 的收益，在后 10 年内获得 +10% 的收益。
2. **后期负收益**：在前 10 年内获得 +10% 的收益，在后 10 年内获得 –10% 的收益。

这两种情况下，20 年期间的收益相同，10 万美元的投入也相同，唯一的区别是相对于投入资金的收益顺序。

图 14.4 显示了投资组合在每种情况下的最终价值。请注意，我在 10 年处用虚线做了标记，以突出显示收益顺序

从 –10% 翻转到 +10%（反之亦然）。

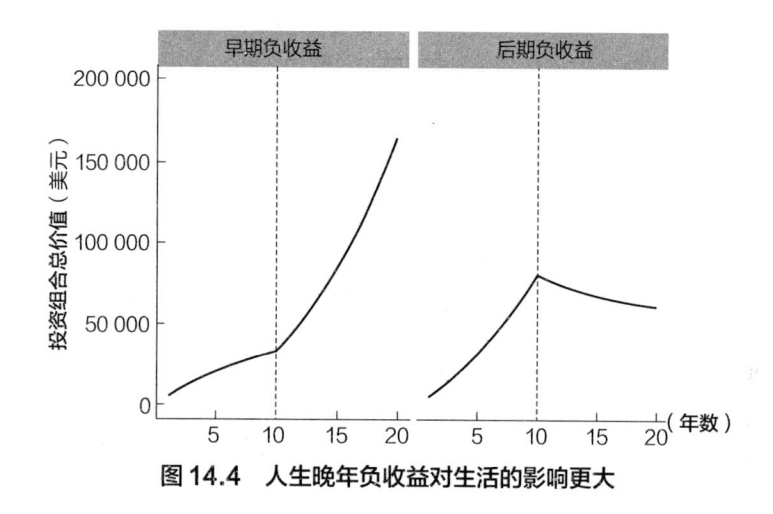

图 14.4　人生晚年负收益对生活的影响更大

正如你所看到的，就算每年投入同样的 5 000 美元，基于收益顺序的不同，投资组合的最终价值也会有很大的差异：在前期负收益的情况下，其投资收益比后期负收益的情况下多 10 万美元。

人生晚年（当投资本金最多的时候）获得负收益，比你第一次开始投资时经历负收益要糟糕得多。换句话说，结局就是一切。

结局就是一切

鉴于你（像大多数投资者一样）大部分时间都在积累资产，

最重要的投资收益将发生在退休前后。如果你在这段时间内经历了巨额负收益，资产可能会大幅减少，你可能活不到回本的时候。

让这种情况更糟糕的是，退休期间你的储蓄会减少，这将以更快的速度耗尽你的资产池。

幸运的是，研究表明，市场上一两年的糟糕情况不太可能对你的退休生活产生重大影响。正如金融专家迈克尔·基塞斯所发现的那样："事实上，在对数据进行更深入的研究后我们发现，退休头一两年的收益与投资组合中能够维持的安全提现率之间几乎没有关系……即使退休始于市场崩盘时期。"[92]

但基塞斯发现，退休头十年的收益（特别是经通胀调整后的收益）可能会产生重大影响。虽然一两个糟糕的年份没什么大不了，但糟糕的十年可能会造成严重的财务损失。这说明了为什么退休后第一个十年的投资收益如此重要。

考虑到这些信息，以下是基于出生年份（假设你在65岁退休）投资收益对你最重要的十年：

- 1960年出生：2025—2035年
- 1970年出生：2035—2045年
- 1980年出生：2045—2055年
- 1990年出生：2055—2065年
- 2000年出生：2065—2075年

我出生在 1989 年，这意味着我需要在 2055—2065 年（当我应该投资最多的时候）获得最好的收益。但即使我没有得到我想要的丰厚收益，我也知道有一些方法可以降低运气对我财务状况的影响。

作为投资者，如何规避坏运气带来的风险

尽管运气在投资中很重要，但你对自己未来财务的控制仍占主导地位。这是因为无论市场怎么变化，决定储蓄和投资的比例、投资哪些资产以及投资频率的仍然是你自己。投资不仅仅关乎你手中的牌，更关乎如何打好手中的牌。

尽管我尊重运气在投资和生活中的重要性，但我并不是无能为力。你也是。在坏运气发生前后，你都可以有所作为。

例如，如果即将退休的你担心市场会迎来一个糟糕的十年，有些方法可以减少你的损失。

- 使用足够的低风险资产（如债券）充分分散投资风险。退休后，你可以持有大量债券，获取足够的收入，以防止低价出售股票。
- 考虑在市场低迷时期减少提现。如果你最初计划每年提取 4%，暂时降低你的提现率可能有助于减轻市场崩盘造成的损害。

- **考虑兼职来补充收入。** 退休的好处之一是你可以自由支配自己的时间。这意味着你可以开始做一些新的事情来产生收入,而不是出售已有资产。

在困难时期,即使你还没面临退休,适当分散投资和及时调整支出水平也可能会非常有帮助。

如果你还年轻,规避坏运气最好的方法就是时间本身。正如我们在第十二章中看到的,大多数市场在大多数时候都会上涨,这意味着时间是年轻投资者的朋友。

不管你的财务状况如何,你总是可以选择与坏运气做斗争。更重要的是,坏运气并不总是像看起来的那么坏。有时候这只是游戏的一部分。这就是为什么我们下一章的主题是市场波动,以及为什么你完全不需要担心它。

第十五章
为什么不应该害怕波动

成功投资的入场费

弗雷德·史密斯已经束手无策了。他已经将自己的大部分净资产投入这家名为美国联邦快递的包裹递送公司,而他之前的融资伙伴通用动力公司刚刚拒绝了他的额外融资。

那天是星期五,史密斯知道他必须在下周一为下一周的航空燃油支付 2.4 万美元,但问题是,美国联邦快递的银行账户上只有 5 000 美元。

史密斯做了他唯一能想到的"理智的"事情——他飞到拉斯维加斯,用剩下的 5 000 美元玩儿 21 点。

到了周一早上,美国联邦快递总经理兼运营总监罗杰·弗洛克检查了公司的银行账户,感到震惊。弗洛克立即质问史密斯发生了什么事。

史密斯承认:"与通用动力董事会的洽谈失败了,我知道我们周一需要钱,所以我坐飞机去拉斯维加斯,赢得了 2.7 万美元。"

是的。史密斯把公司仅剩的 5 000 美元拿去玩儿 21 点了，还赢了一大笔钱。

弗洛克仍然很震惊，他问史密斯怎么可以用公司仅剩的 5 000 美元来冒险，史密斯回答："有什么区别吗？如果没有支付燃料公司的资金，我们无论如何也飞不起来。"[93]

史密斯的故事说明了风险和不作为的代价——有时你能承担的最大风险就是完全不承担风险。

在投资方面尤其如此。尽管金融媒体经常会提到对冲基金破产或彩票中奖者破产，但它们有多少次讨论过一个持有现金几十年却仍未能创造财富的人？几乎没有。

问题是，那些行事谨慎的人多年来都看不到自己行为的后果，而这些后果可能与承担过多风险的后果一样具有破坏性。

在研究市场波动和那些试图避免市场波动的人身上，这一点最明显。因为避免太多不利因素也会严重限制有利因素。

因此，如果你想获得向上积累的财富，你必须接受随之而来的波动和周期性下跌。这是长期投资成功的入场费。但你应该接受多大程度上的波动呢？入场费应该是多少钱？

本章将用一个简单的思想实验来解答这个问题。

入场费

假设存在一个市场精灵，它每年 12 月 31 日向你提供下一年的美国股市信息。

不幸的是，这个精灵不能告诉你应该买哪只个股，也不能告诉你市场将如何表现。但精灵知道，股市在未来12个月的最低点是多少（年内最大跌幅）。

我的问题是：市场明年要下跌多少，你才会完全放弃投资股票，转而投资债券？

例如，如果精灵说，明年某个时候市场将下跌20%，你会继续投资还是避开股市？下跌40%呢？你的极限在哪里？

在你回答这个问题之前，我先给你提供一些数据，以便你更好地做决定。自1950年以来，标准普尔500指数年内平均最大跌幅为13.7%，中位跌幅为10.6%。

这意味着，如果你在1950年以来任何一年的1月2日买入标准普尔500指数，一半的时间里市场将比年初下跌10.6%（或更多），另一半的时间里市场将下跌不到10.6%。市场在一年内的某个时间点平均下跌约13.7%。

图15.1显示了标准普尔500指数自1950年以来的年内最大跌幅。

正如你所看到的，最严重的下跌发生在2008年，当时标准普尔500指数在11月底较上年同期下跌了48%。

看到这些数据后，你认为多大程度的下跌会让你选择放弃投资股票？

让我们先假设你非常保守。你告诉精灵，无论哪一年股市下跌5%或以上，你都会避开股市，转而投资债券。

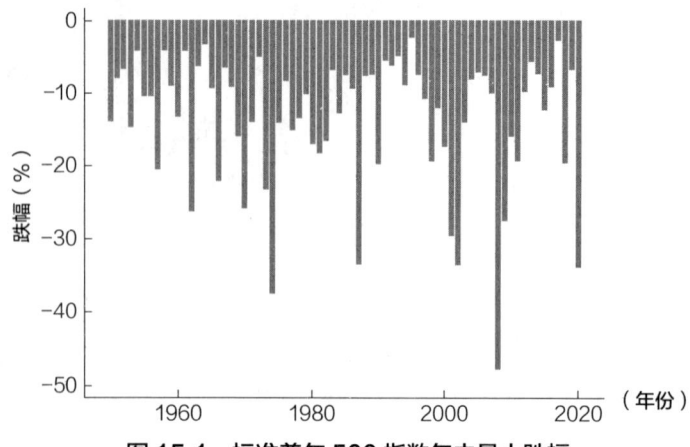

图 15.1　标准普尔 500 指数年内最大跌幅

我们将其称为**避免回撤策略**，因为它在股市回撤过高（对你而言，5% 或以上）的年份将所有资金投资于债券，并在其他年份将这些资金转移到股票上。避免回撤策略是，在任何特定年份，要么完全投资于债券，要么完全投资于股票。

如果你在 1950—2020 年根据避免回撤策略投资了 1 美元（同时避免所有回撤 5% 或以上的年份），你将付出巨额代价。到 2018 年，你的资金将比你一直持有股票（买入并持有）少 90%。图 15.2 说明了这种情况（注意，纵轴是一个对数尺度，可以更好地说明情况随着时间推移的变化）。

使用避免回撤策略时你的收益低于买入并持有的原因很简单：太频繁地退出市场。事实上，你 90% 的时间（自 1950 年以来，除了其中的 7 年）应该持有债券。

你可以从图 15.3 中看到这一点。灰色突出了避免回撤策

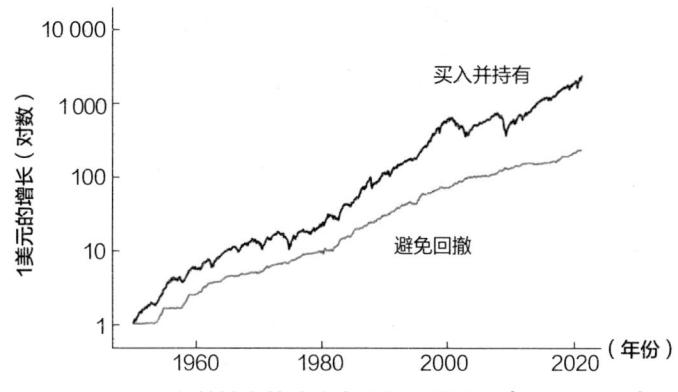

图 15.2　买入并持有策略跑赢避免回撤策略（5% 或以上）

略持有债券时期的表现。请注意，图 15.3 除了用灰色突出避免回撤策略持有债券时期的表现，其他都与图 15.2 相同。

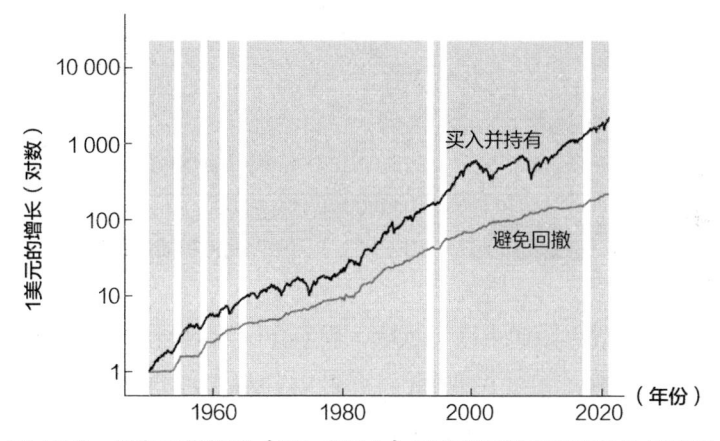

图 15.3　避免回撤策略（5% 或以上）回撤期间持有债券的收益情况

正如你所看到的，长期持有债券，很少参与股票市场增长

第十五章　为什么不应该害怕波动

（不愿承担风险）的避免回撤策略，其最终收益会远远落后于买入并持有策略。

避免 5% 或以上的回撤显然是一条过于安全的路线，所以如果我们走向另一个极端，只避免超过 40% 的回撤会怎么样呢？

如果你这样做了，自 1950 年以来，你退出市场的唯一一年是 2008 年。如图 15.4 所示，这正是避免回撤策略与买入并持有策略收益差异逐步变大的时候。

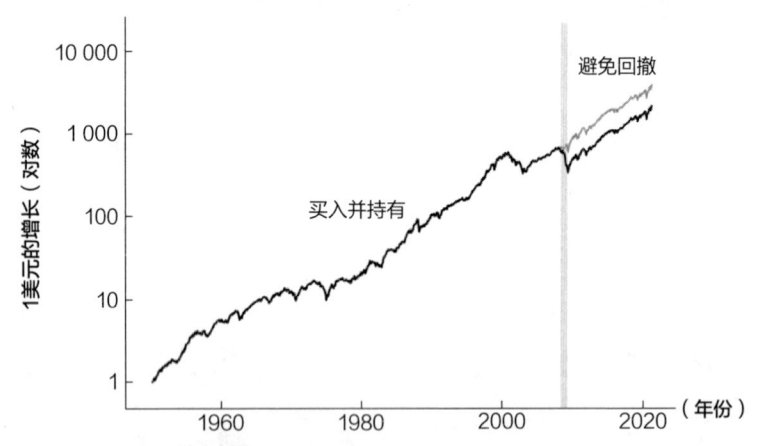

图 15.4　避免回撤策略（40% 以上）回撤期间持有债券的收益情况

虽然避免回撤策略（灰线）确实在一段时间内跑赢了买入并持有策略（黑线），但收益并没有好很多。如果保守一些，避免回撤策略可以获得很好的收益。

那么应该多保守才合适呢？如果你想将财富最大化，应该避免多大比例的回撤？

答案是 15% 或以上。

在市场下跌 15% 或以上的年份投资债券，在所有其他年份投资股票，这将使你的长期财富最大化。

事实上，如果你在市场下跌 15% 或以上的所有年份都持有债券，你获得的收益将比在 1950—2020 年执行买入并持有策略的收益高出 10 倍以上。

图 15.5 显示了当避免回撤策略避免 15% 或以上的回撤时，买入并持有策略与避免回撤策略的对比。

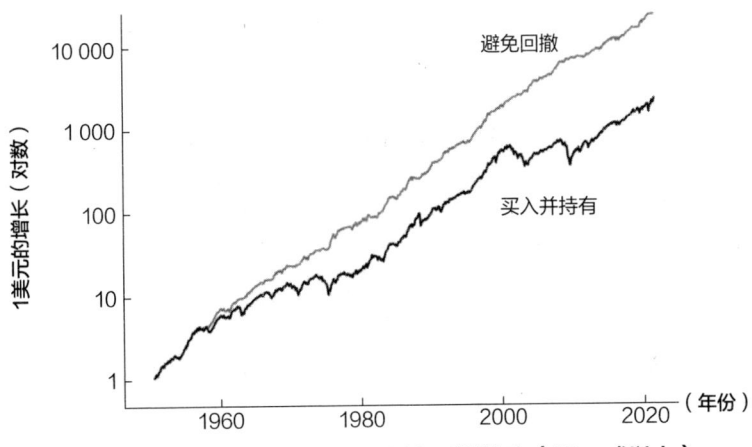

图 15.5　买入并持有策略 vs 避免回撤策略（15% 或以上）

这是避免回撤策略的最佳位置，不是太冒险，但也不是太保守。事实上，当避免年内 15% 或以上的回撤时，该策略将在约 1/3 的时间中投资于债券。图 15.6 用灰色阴影区域显示了该策略持有债券的时间。

第十五章　为什么不应该害怕波动

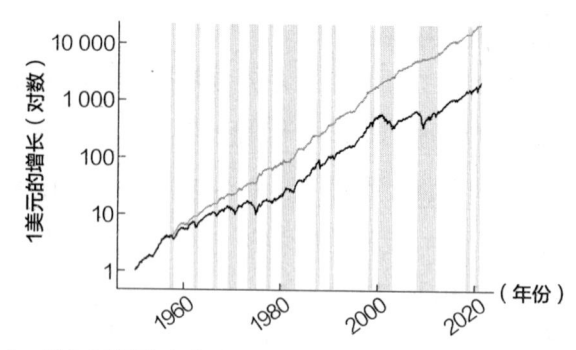

图 15.6　避免回撤策略（15% 或以上）回撤期间持有债券的收益情况

将回撤下限提高到 15% 以上（例如 20%、30% 等）会给你带来更差的回报，当股票更有可能赔钱时，你却投资股票。

为什么？

因为标准普尔 500 指数年内较大的回撤通常与年底较差的收益表现有关。看看标准普尔 500 指数的年化收益率与年内回撤的对比图（图 15.7）就能很好地明白这一点。

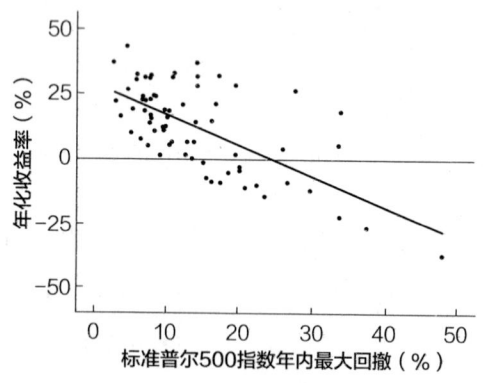

图 15.7　最大回撤 vs 年化收益率（1950—2020 年）

正如你在图 15.7 中所看到的，最大回撤和年化收益率之间呈负相关。那些大幅下跌的年份股市通常不会有好结果。

然而，并非所有的下跌都是坏事。实际上，自 1950 年以来，标准普尔 500 指数每年都有正收益，年度回撤为 10% 或以下。

没有魔法精灵

这一分析表明，如果我们想使财富最大化，我们要接受一定的年度回撤幅度（0~15%），也应该避免一定的年度回撤幅度（15% 以上）。

这是股票投资者的入场费。因为市场不会在没有任何波动的情况下让你免费搭车。为了获得成功，你必须经历一些失败。

正如图 15.7 所显示的那样，避免这些回撤可能是有益的，尽管知道回撤何时会发生是不可能的。遗憾的是，世间没有魔法精灵。

那我们有什么呢？

我们有分散投资的能力。我们可以对已有的资产进行分散，也可以边买边分散。随着时间的推移购买一系列多样化的创收资产是应对波动的最佳方式之一。

更重要的是，你必须接受，波动性是投资者的必修课，是投资游戏的一部分，而这场游戏我们不一定会输。想想沃伦·巴菲特的长期商业伙伴查理·芒格的智慧:"如果你不愿意以平静的态度应对一个世纪内两三次 50% 的市场价格下跌,你就不适合成为普通股投资者,你就注定得到平庸的结果。"

和其他伟大的投资者一样,芒格愿意承受市场的波动。你呢?

如果你仍然担心波动,那么你可能需要重新构建你对市场崩盘的想法。对此,请看下一章。

第十六章
危机期间如何投资

为什么要在恐慌时保持镇定

我永远不会忘记我在 2020 年 3 月 22 日上午做的事。那是一个星期天,我正在去曼哈顿的一家当地商店买杂货的路上。

不到 48 小时前,标准普尔 500 指数本周收盘下跌 3.4%,较一个月前的高点下跌 32%。我之所以记得这一点,是因为我一直努力为市场在全球经济因新冠病毒感染疫情而陷入停滞的情况下如何能够复苏寻找理由。

纽约的室内餐厅已经被关闭。NBA(美国男子篮球职业联赛)赛季暂停。通知婚礼取消的邮件开始进入我的收件箱。我知道其他人也很恐慌,因为我收到了越来越多来自朋友和家人表达担忧的短信:

底部到了吗?

我应该卖出我的股票吗?

情况还会变得更糟吗?

说实话，我一点儿都不知道。但我必须找到一种思考这场危机的方式，让自己（以及那些联系我的人）保持理智。

当我乘自动扶梯来到商店的一层大厅时，我看到一大堆各式各样的鲜花在出售。这些花平时也在自动扶梯旁边的空地上摆着，但在这个特别的周日早上，我第一次注意到一个人在不慌不忙地整理它们。

就在这个时候，我意识到一切都会好起来的。不管怎样，就算世界在我周围分崩离析，卖花的人也还在那里卖他的花。

那一刻的某些东西让我难以忘怀。也许是因为这看起来太大胆了。这种时候我为什么需要花？我需要罐头食品和卫生纸。

但这并不大胆。这是一个正常的时刻。如果卖花的人还有希望，我为什么没有呢？我从来没有把这件事情告诉过任何人，但在我最需要的时候，那一刻的场景振奋了我的精神。

接下来的一系列思考让我总结出了一个在金融恐慌中投资的新框架。我希望这个框架能改变你在未来市场崩盘时购买资产的想法。

我写这一章是为了让你回顾一下金融世界看起来最不确定的时候。当灾难性的风暴来袭时（在未来的某个时刻，它仍将不可避免地袭来），我希望你们回到这一章，再读一遍。如果你做对了，本书对你来说就是物超所值的。愿投资之神眷顾你。

为什么市场崩盘是买入机会

据报道，18世纪的银行家罗斯柴尔德爵士说过："当街头发生流血事件时，才是买入的时候。"在滑铁卢战役后的恐慌中，罗斯柴尔德利用这句格言发了一笔小财。但这句话在多大程度上是对的呢？

在第十三章中，我尽我所能地说服你，寄希望于只在市场调整期间（比如街头发生流血事件的时候）买入是不明智的。这些事件的低频使得大多数投资者在大多数时间里囤积现金，无利可图。

然而，数据表明，如果你在市场调整期间拥有可投资的现金，这可能是你将获得的最好的投资机会之一。

理由很简单——假设市场最终会复苏，在危机期间投资的1美元的增长幅度将远远超过几个月前投资的1美元。

为了证明这一点，让我们想象一下，从1929年9月到1936年11月，你决定每月投资100美元购买美国股票。这一时期涵盖了1929年的崩盘和随后的复苏。

如果你遵循这样的策略，图16.1便显示了到1936年11月美国股市复苏时，每100美元的月投资将增长到什么水平（含股息，经通胀调整后）。

正如你所看到的，你在1932年夏天买入的价格越接近底部，长期收益就越大。在低点时投资的100美元到1936年11月将增长到440美元，大约是1930年投资的100美元投资

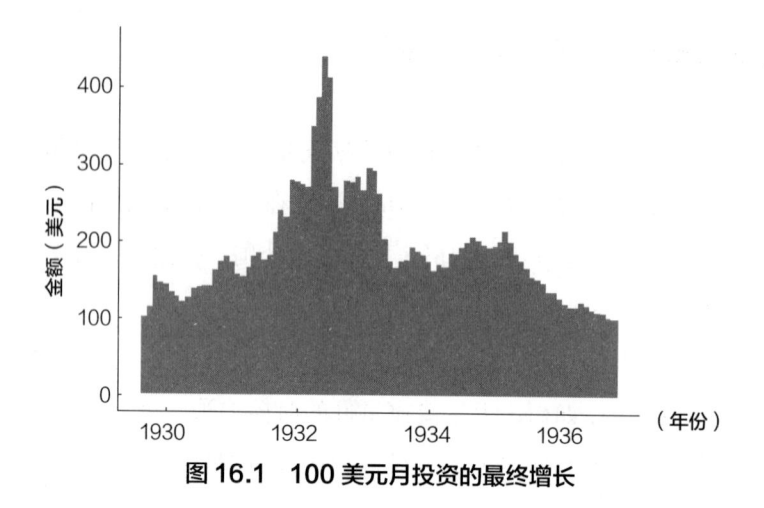

图16.1 100美元月投资的最终增长

增长（到1936年增长到150美元）的3倍。

大多数市场崩盘不会提供这样的3倍机会，但其中许多确实提供了50%~100%的上行机会。

这种好处从何而来？

它来自一个简单的数学定理——每一个百分比的损失都需要更大百分比的收益才能回本。

损失10%需要11.11%的收益回本，损失20%需要25%的收益回本，损失50%需要100%的收益（翻倍）回本。通过图16.2，你可以更清楚地看到这种指数关系。

2020年3月22日，当我意识到全球即将挺过新冠病毒感染疫情时，标准普尔500指数下跌了约33%。

从图16.2中可以看出，这意味着市场必须上涨50%才能回到下跌前的水平。假设市场在未来某个时间恢复到之前的

图 16.2　回本需要的收益率

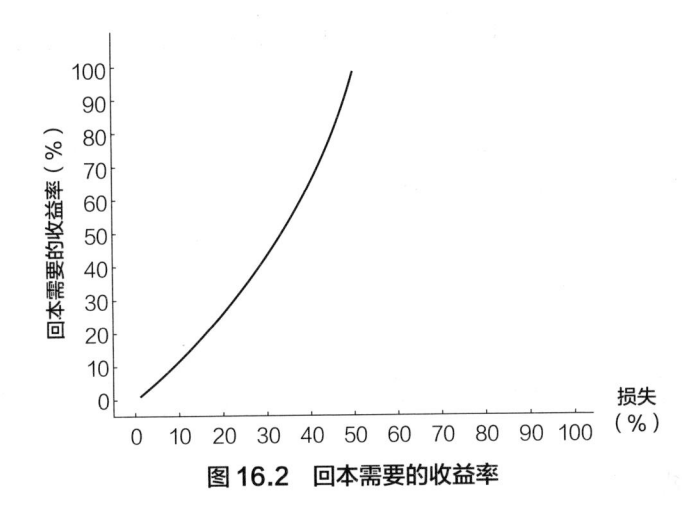

水平，2020 年 3 月 23 日（随后的交易日）投资的 1 美元最终将增长到 1.5 美元。

幸运的是，市场确实在一定时间内复苏了。在 6 个月内，标准普尔 500 指数再次创下历史新高。那些在 3 月 23 日买入的投资者在半年内获得了 50% 的收益。

然而，即使复苏需要数年时间，在 2020 年 3 月 23 日买入仍将是一个伟大的决定。你所要做的就是重新构建你对市场前景的看法。

重构好的一面

尽管在 2020 年 3 月 23 日买入股票是明智之举，但许多投资者不敢这样做——问题似乎在于他们如何看待这个问题。

例如,如果我在 2020 年 3 月 22 日问你:"你认为市场需要多长时间才能从 33% 的损失中恢复过来?"你会说什么呢?

它需要一个月才能达到新的历史高点吗?

还是需要一年?

或者需要十年?

根据你的回答,我们可以重新调整我们对未来市场的预期年收益率。

怎么样?

我们知道 33% 的损失需要 50% 的收益才能回本。因此,一旦我知道你预计市场需要多长时间复苏,我就可以将 50% 的上涨转化为年度收益。

其公式为:

预期年收益率 =(1+ 回本需要的收益率)^(1/ 回本年限)-1

但由于我们知道"回本需要的收益率"是 50%,我们可以将这个数字代入并简化这个方程为:

预期年收益率 =(1.5)^(1/ 回本年限)-1

因此,如果你认为市场复苏需要:

- 1 年，那么你的预期年收益率 = 50%
- 2 年，那么你的预期年收益率 = 22%
- 3 年，那么你的预期年收益率 = 14%
- 4 年，那么你的预期年收益率 = 11%
- 5 年，那么你的预期年收益率 = 8%

当时，我认为市场将需要一到两年的时间才能复苏，这意味着我在 2020 年 3 月 23 日投资的每一美元都可能在这两年内每年增长 22%（或以上）。

更重要的是，即使是那些预计市场将在 5 年内复苏的人，如果他们在当天买入，也能获得 8% 的年收益率。8% 的收益率接近美国股市的长期平均收益率。

这就是为什么在这场危机中购买股票是一件轻而易举的事情。即使在市场需要 5 年时间才能复苏的情况下，你仍然可以在等待期间获得 8% 的收益。

这一逻辑也适用未来的任何市场危机。因为如果你在市场下跌 30% 或更多的时候买入，你将来往往能获得比较高的收益率。

图 16.3 说明了这一点。它显示了如果你在 1920—2020 年美国股市下跌 30%（或以上）时的任何一个月买入，所获得年收益率的分布情况。图 16.3 所显示的收益跨度是从股票第一次下跌 30%（或以上）到下一次历史高点。

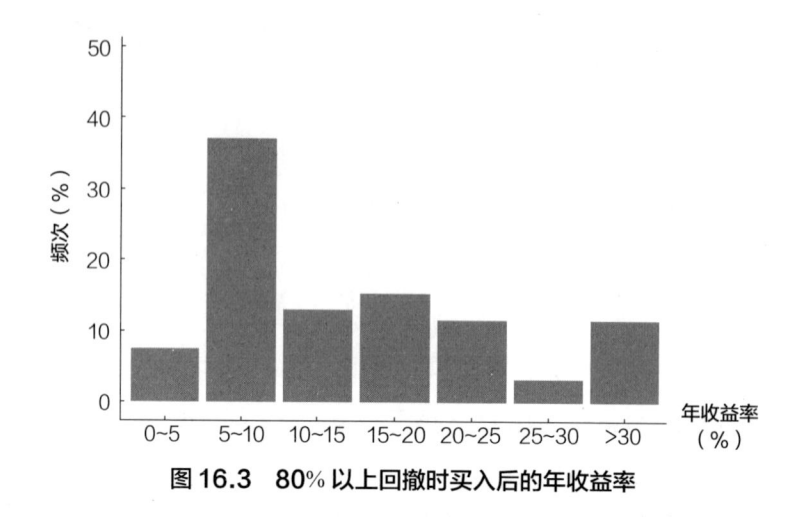

图 16.3　80% 以上回撤时买入后的年收益率

图 16.3 表明，在市场下跌至少 30% 的情况下买入，你获得 0~5% 年收益率（含股息，经通胀调整后）的可能性不到 10%。事实上，在一半以上的时间里，你在复苏期间的年收益率将超过 10%。将 0~5% 柱和 5%~10% 柱加在一起，你就会发现，它们的总和还不到 50%。

但不要着急，还有更多其他的发现。如果我们对数据进行子集划分，只包括那些市场从 1920—2020 年下跌 50%（或以上）的时期，你的未来收益看起来将更有吸引力。

正如你在图 16.4 中所看到的，当美国股市被腰斩时，未来的年收益率通常会超过 25%。这意味着，当市场下跌 50% 时，是时候满仓、尽可能多地投资了。

当然，由于经济的不确定性，当市场波动时，你可能没有很多可投资的现金来利用这个罕见的机会。然而，如果你确实

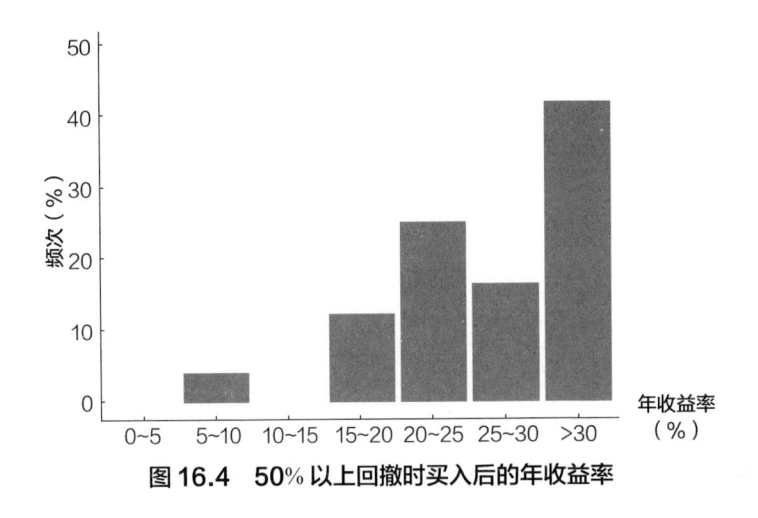

图 16.4　50% 以上回撤时买入后的年收益率

有多余的现金，那么数据表明，利用这个买入机会是明智的。

那些不能迅速复苏的市场怎么办

本章的分析假设股市在几年内或者 10 年内能从一次重大崩盘中恢复过来。虽然大多数时候都是这样，但也有明显的例外。

例如，日本股市在 30 年后的 2020 年底仍低于 1989 年 12 月的高点，如图 16.5 所示。

每当我讨论长期投资的重要性时，日本都是一个典型的反例。

也有其他例子。例如，2020 年底，俄罗斯股市较 2008 年高点下跌 50%，希腊股市较 2008 年高点下跌 98%。这些市

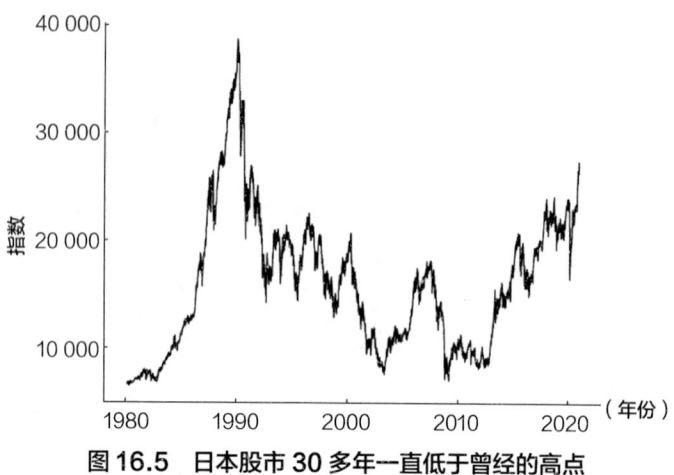

图16.5 日本股市30多年一直低于曾经的高点

场会复苏吗？我不知道。

然而，我们不应该让例外情况代替一般情况——大多数股票市场在大多数时候都会上涨。

是的，在较长的时间内，市场偶尔会有表现不佳的时期。毕竟，从2000年到2010年，就连美国股市也在下跌。

但在几十年的期间内，股市亏损的可能性有多大？

在分析了39个发达国家在1841年至2019年的股市表现后，研究人员估计，在30年的投资期限内，相对于通胀而言，投资股市的损失概率为12.5%。[94]

这意味着，在一个特定的股票市场上，大约有12.5%的可能性会出现30年内购买力下降的情况。日本股市就是一个例子。

然而，尽管这看起来很可怕，但这项研究反而增强了我对全球股市的信心。因为它意味着，从长远来看，股票市场有

87.5%的机会带来购买力的提高。我喜欢这种可能性。

更重要的是,研究人员的估计是基于对股票市场的一次性投入,而不是分批投入。例如,如果你在1989年日本股市达到顶峰时将所有现金投入日本股市,30年后你的这笔投资就会缩水。但个人投资者做出这种一次性重大财务决策的频率有多高?几乎不存在。

大多数人会分批买入创收资产,而不是一次性买入。如果你分批购买,而不是一次性投入,你在几十年里赔钱的可能性就会更小。

例如,如果你从1980年到2020年底的每个交易日都向日本股市投资1美元,你的投资组合在这40年间仍然会为你带来一些正收益。

正如图16.6所示,在这40年中,有些时期你投资组合的价值超过了投入成本,有些时期则没有。

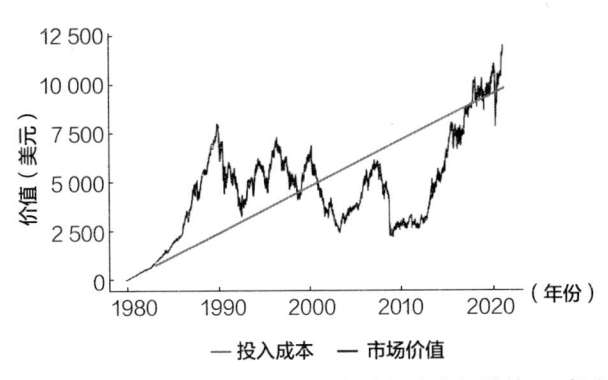

图16.6 每天投资日本股市1美元的投资组合市场价值 vs 投入成本

第十六章 危机期间如何投资

市场价值（黑线）高于投入成本（灰线）意味着赚钱。市场价值低于投入成本就意味着亏钱。

正如你所看到的，到2020年底，这40年内投资组合有少量收益。这不是一个很好的结果，但考虑到日本股市在过去30年里的表现当属世界最差之列，这个结果也不算坏了。

一些人以日本和其他国家为借口而持有现金，直到下一次危机尘埃落定。然而，当尘埃落定时，市场往往已经上涨了。

那些胆小的人太害怕卷入其中，他们最终将被甩在后面。我在2020年3月亲眼见证了这一点，我非常有信心未来会再次见证。

如果你仍然害怕在危机期间买入，我能理解你。纵观历史，我们很容易找到这样的例子：事后看来，这样做是愚蠢的。但我们不能根据例外情况或可能发生的情况进行投资。否则，我们永远都不会投资。

正如弗里德里希·尼采说过的那样："忽视过去，你将失去一只眼睛；生活在过去，你的两只眼睛都会失去。"

了解历史很重要，但沉迷于历史会让我们误入歧途。这就是为什么我们必须根据数据告诉我们的情况进行投资。著名金融作家杰里米·西格尔对这一点做了最好的总结。他写道："与令人印象深刻的历史证据相比，恐惧对人类行为的影响更大。"

这是我一直以来最喜欢的对投资的总结，也是唯一适合本章的结束语。我只希望它能给你提供精神上的支持，让你在下次市场暴跌时继续勇敢买入。

我们已经花了一些时间来回顾如何购买资产，包括在行情最差的时候该怎么做，我们现在要将注意力转向一个更难的问题：你应该在什么时候出售资产？

第十七章
应该什么时候卖出

关于平衡投资组合、集中头寸和投资目的

尽管我们的投资理念是持续买入,但在你的投资旅程中,不可避免地会出现一个你需要卖出的时刻。不幸的是,选择何时卖出可能是你作为投资者所做过的最困难的决定之一。

为什么?

因为卖出迫使你面对投资世界中两个最强烈的行为偏见——担心在市场上行时错过机会,担心在市场下行时赔钱。这种情绪上的恶习会让你质疑你做出的每一个投资决定。

为了避免这种心态上的混乱,你应该设定一组条件,当你想在某个位置卖出时,参照已经设定的条件,你可以直接卖出,而不是受情绪左右。这将使你可以根据自己的情况,按计划出售你的投资。

对于何时应该出售资产,我只找到以下三种情况:

1. 再平衡投资组合。

2. 摆脱集中（或亏损）的头寸。
3. 满足财务需求。

如果你不需要再平衡你的投资组合，摆脱集中（或亏损）的头寸，或试图满足财务需求，那么我认为你没有理由出售资产，永远没有。

我之所以这么说，是因为卖出可能会需要缴税，这是我们应该尽可能避免的事情。但在我们深入研究这一点和上面列出的三个条件之前，让我们先来讨论一下关于何时应该出售资产的总体战略。

一次性卖出还是分批卖出

在第十二章中，我们研究了为什么一次性买入比分批买入要好。理由很简单：大多数市场大多数时间都在上涨，等待通常意味着错过上涨的机会。

当涉及卖出资产时，我们可以使用同样的推理，但得出相反的结论。由于市场往往会随着时间的推移而上涨，最佳的做法是尽可能晚地卖出。因此，（尽可能晚地）分批次卖出通常比一次性卖出要好。

当然，在某些情况下，一次性卖出的收益会更好，但如果你有选择，在出售或平衡头寸之前等待尽可能长的时间，通常会让你净赚更多的钱。

换句话说，**快买慢卖**。

我提出这一点是因为它有助于你未来所有关于买卖时机的决策。然而，即使有了这个框架，在投资领域，人们在选择时机时也会受到干扰。

正如我们上面看到的，为了再平衡投资组合，出售投资是可以接受的。下面我们来具体看一下。

再平衡有什么好处

"完美平衡，一切都应该如此。"

这不仅是漫威电影中的主要反派灭霸的台词，在管理你的投资组合时，这句话也有一些实际应用。

在第十章中，我们讨论了你应该投资什么资产，却从未讨论投资组合将如何变化。在投资领域，解决这个问题的办法是再平衡。

适当提醒一下，你在第一次建立投资组合时，应该根据你的目标进行配置。例如，你的目标可能是配置60%股票/40%债券——以美国市场为例，如果你投资1 000美元，这意味着600美元将投资于美国股票市场指数，400美元将投资于美国国债。

如果不进行再平衡，你的投资组合将会逐渐偏离其目标配置，变成以收益较高的资产为主。例如，如果我们按 6∶4 的比例投资股票和债券，并在 30 年内不交易，30 年后，我们的投资组合将以股票为主。

正如你将在图 17.1 中所看到的，1930—1960 年，我们对一个从未进行再平衡的投资组合以 60% 股票 /40% 债券的形式进行单一投资，30 年后这个投资组合的 90% 将是股票。

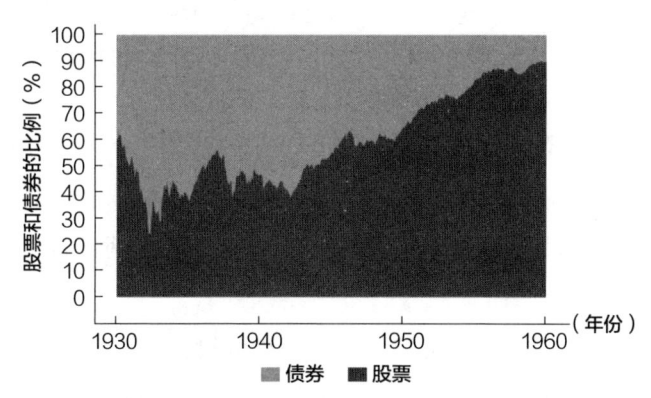

图 17.1 从未进行再平衡的 60% 股票 /40% 债券投资组合

这种情况不仅仅发生在 20 世纪 30 年代。如果我们将这一分析扩展到 1926—2020 年的每 30 年期间，也会看到类似的结果。

图 17.2 显示了以 6∶4 的比例投资股票和债券的投资组合采用两种不同的再平衡策略——一种是每年再平衡，另一种是从不进行再平衡——在 30 年后的股票占比。

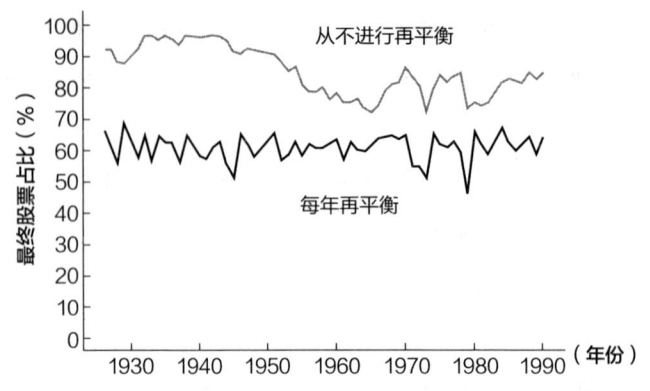

图 17.2　60% 股票/40% 债券的投资组合 30 年后的股票占比

正如你在图 17.2 中所看到的，执行每年再平衡策略的投资组合往往在第 30 年的年末持有约 60% 的股票。这是合乎逻辑的，因为该策略每年将其股票持有量再平衡到投资组合的 60%。

另一方面，从不进行再平衡的投资组合往往在第 30 年的年末最终持有 75%~95% 的股票，股票占绝对地位。这是因为在较长的时间内，美国股市的表现往往优于美国债券。

从这个简单的事实我们可以推断出，从不进行再平衡的投资组合通常会跑赢每年再平衡的投资组合。为什么？因为再平衡意味着出售高增长的资产（股票），购买低增长的资产（债券）。这会降低总收益。

图 17.3 以 100 美元的投资为例，比较每年再平衡策略与从不进行再平衡策略下的增长情况。

图 17.3 表明，在大多数情况下，投资组合中高增长资产

和低增长资产之间的再平衡往往会降低整体业绩。1980—2010年是一个例外,因为当时美国债券表现良好,而美国股市在这一时期的后十年(2000—2010年)受到重创。

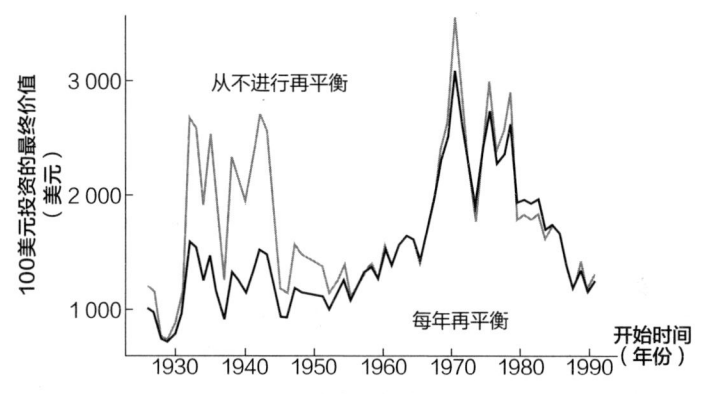

图17.3 60%股票/40%债券的投资组合30年后的最终价值

图17.3说明,在大多数情况下,再平衡通常不会提高收益。那么,人们为什么仍然这样做?

为了降低风险。

再平衡就是为了控制风险。假设你的目标投资组合是以6∶4的比例投资美国股票和债券,如果不进行再平衡,你的投资组合最终可能会在几十年内变成75%股票/25%债券,甚至95%股票/5%债券。因此,投资组合的风险最终将比初始设定的风险要大很多。

一个简单的例子是考虑这两种策略在30年期间的最大回撤。需要说明的是,最大回撤是指在给定的时间内投资组合下跌的最大幅度。比如你的投资组合从 100 美元开始，最糟糕的时候下降到 30 美元，那便是 70% 的最大回撤。

正如图 17.4 所示，在大多数时候，从不进行再平衡策略下的回撤比每年再平衡策略下的回撤更大。

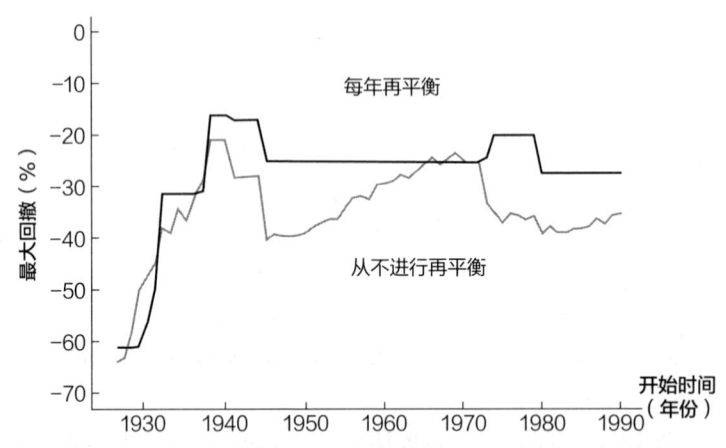

图 17.4　60% 股票 /40% 债券的投资组合 30 年内的最大回撤

例如，如果你在 1960 年在 60% 股票 /40% 债券的投资组合中投资了 100 美元，但在 30 年里从未进行再平衡，在最糟糕的时候，你的投资组合将比最高价值下降约 30%。这是它在 30 年时间里的最大回撤。

但是，如果你每年都将投资组合再平衡到目标配置，最大回撤便只有 25%。

从图 17.4 中我们可以看到，在大多数时候，再平衡能够通过将资金从波动性较高的资产（股票）转移到波动性较低的资产（债券）来降低风险。然而，在股票长期下跌期间（如20 世纪 30 年代初和 70 年代初），情况可能恰恰相反。在这些情况下，再平衡实际上增加了波动性，因为它通过出售债券来购买继续下跌的股票。

尽管这些情况很罕见，但它们表明，周期性再平衡并不是风险管理的完美解决方案。然而，我确实建议大多数个人投资者在一些时间点上进行再平衡（只不过很难找到合适的时间点）。

你应该多久再平衡一次

虽然我很想给你一个明确的答案，告诉你应该多久再平衡一次你的投资组合，但事实是……没有人知道。我研究了从一个月一次到一年一次，但一直没有找到一个最佳频率。遗憾的是，没有任何再平衡频率自始至终优于其他频率。

先锋领航集团的研究人员在对 50% 股票 /50% 债券投资组合的最佳再平衡频率进行分析后得出了类似的结论。他们在论文中写道："无论投资组合是每月、每季度还是每年再平衡，经风险调整后的收益都没有特别大的不同。然而，再平衡的成本随着再平衡次数的增加而显著增加。"[95]

虽然他们分析的是具有不同风险特征的资产（股票和债券）之间的再平衡，但同样的逻辑也适用于具有类似风险特征的资产之间的再平衡。例如，著名金融作家威廉·伯恩斯坦在研究了全球股票组合之间的再平衡频率后得出结论："没有最优的再平衡周期。"[96]

所有这些分析都说明了同样的事情：什么时候再平衡并不重要，只要你定期再平衡就行了。因此，我建议每年进行一次再平衡，原因有两个：

1. 不需要花太多时间。
2. 与年度纳税时间重合。

出于不同的原因，这两者都很重要。

首先，每年花更少的时间来监控你的投资，可以让你有更多的时间做你喜欢的事情。这就是为什么我不支持基于容忍范围的再平衡。基于容忍范围的再平衡是指当资产配置偏离目标配置一定范围后进行的再平衡。

例如，如果你的投资组合中60%是股票，有10%的容忍区间，你会在每次股票配置高于70%或低于50%时将其再平衡到60%。这种方法很管用，但也需要花更多的时间。

其次，年度再平衡可以和其他与税收有关的财务决策同时进行——从这个角度看，年度再平衡也是很好的选择。例如，如果你出售了一项待缴纳资本利得税的投资，你可能会发现，同时再平衡你的整体投资组合可以以节省税费。

无论选择什么样的再平衡频率，你都应该避免不必要的税费。这就是为什么我不建议你在应税账户（经纪账户）中频繁进行再平衡。因为每次这么做，你都得缴税。

但如果我们可以在不缴税的情况下实现再平衡呢？还有比卖出更好的方法吗？

一个更好的再平衡策略

虽然卖出资产以平衡投资组合并不是世界上最糟糕的事情，但还有一种不需要纳税的再平衡策略——持续买入。这是有道理的。你可以通过买入资产来平衡投资组合的配置。我称之为积累型再平衡，因为你是通过持续买入头寸少的资产来实现再平衡的。

例如，假设你的投资组合目前是 70% 股票 / 30% 债券，但你希望它是 60% 股票 /40% 债券，那么你可以继续购买债券，直到你的配置回到 60% 股票 /40% 债券，而不是出售 10% 的股票，再购买 10% 的债券。

然而，这种方法只适用于那些仍处于财务积累期的人。一旦你不再能存下钱，你就必须卖出资产来实现目标配置。

我喜欢积累型再平衡策略，因为它可以减少投资组合在市场暴跌时的损失。通过不断增加资金投入，你可以持续抵消投资组合中的损失。例如，回到我们的 60% 股票 / 40% 债券的投资组合，与不增加资金投入相比，在 30 年内不断增加资金投入的情况下，大多数时期的最大回撤要小得多。

如图17.5所示，在每个月增加资金的同时进行再平衡，在某些情况下可以使投资组合的最大回撤减少一半。图17.5对比了两个60%股票/40%债券的投资组合在30年内的最大回撤，其中一个从不增加资金投入，另一个使用积累型再平衡策略连续30年每月增加资金。

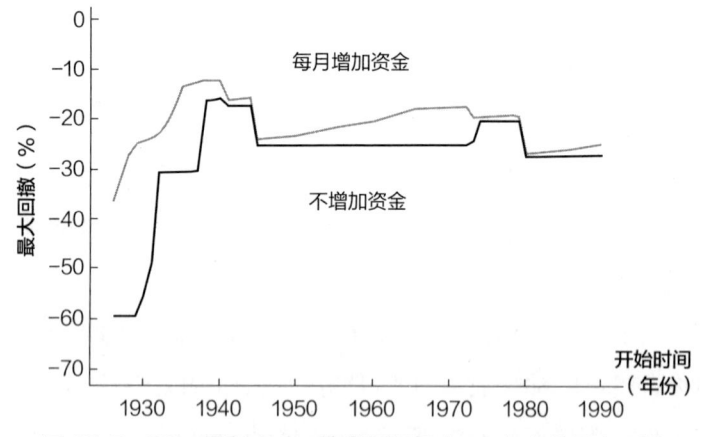

图17.5 60%股票/40%债券投资组合30年内的最大回撤

在这两种情况下，通过增加资金投入进行积累型再平衡，其投资组合的最大回撤要更小。

积累型再平衡策略的唯一困难之处在于，随着投资组合规模的增加，它变得越来越难以实现。虽然在投资组合规模小的时候你很容易增加资金来再平衡投资组合，但随着投资组合规模的扩大，你可能没有足够的现金来维持目标配置。在这种情况下，从风险的角度来看，用应税账户卖出股票是有意义的，只是不要太频繁。

我们已经讨论了再平衡时为什么你可能需要卖出，接下来让我们看看为了摆脱集中（或亏损）头寸，你该如何卖出资产。

摆脱集中（或亏损）头寸

正如我在第十一章中讨论的，我不太喜欢集中投资于单一证券。然而，有时候生活并不会给我们选择。例如，如果你在一家提供股权薪酬的公司工作（或创办一家这样的公司），有一天你可能会发现，你的很大一部分资产都投入了一种证券。

在这种情况下，祝贺你！然而，随着时间的推移，你可能会考虑卖出一部分股权。你应该卖多少？这取决于你卖出的目的。

例如，如果你有抵押贷款债务，且投资头寸集中于某一证券，那么出售这种证券以偿还抵押贷款可能是有意义的。从收益的角度来看，这可能是次优的，因为你持有的证券可能会比你的房子升值得更快。

然而，从风险的角度来看，这可能很有意义。毕竟，投资的未来收益只是一种可能性，但未来需要偿还的抵押贷款是确定的。有时候，用"可能"换"确定"是好的决策。

那么到底应该怎么做呢？

找到一种卖出策略并坚持下去。无论这意味着每个月（或每个季度）卖出 10%、一半还是立即卖出大部分，只要你能因此晚上安眠即可。你也可以根据价格水平（上行和下行）卖出，只要事先确定就行。使用一套预先确定的规则将使你在卖出过程中不受情绪的影响。

无论你用什么策略，不要一次卖掉全部头寸。为什么？因为税收问题，并且如果证券的价格在你卖出后飙升，你后悔的可能性很大。与你卖掉 95% 结果剩下的 5% 价值清零相比，你全部卖掉结果价格上涨 10 倍的情况让人感觉更糟。在决定卖出数量的时候，你应该使用这种使后悔最小化的框架。

然而，我确实需要提醒你，你的集中头寸很可能表现低于整体股市。如果你看看美国自 1963 年以来的个股，年化收益率（含股息）中位数仅为 6.6%。这意味着，如果你自 1963 年以来在任何时间点随机买入一只股票，你在接下来的一年里将获得大约 6.6% 的收益。然而，你如果买的是标准普尔 500 指数，就会获得 9.9% 的收益。

这说明了持有集中头寸的真正风险——收益低。虽然有些人能接受这种风险，但也有些人不能。所以，要明确你愿意为集中头寸承担的风险水平，然后相应地卖出头寸。

除了出售集中头寸，你还可能需要在投资生命周期的某个时候出售亏损头寸。无论是你对某一资产类别的信念发生变化，还是你的某个集中头寸持续下跌，有时你只是必须退出。

我在对黄金进行了一些分析后体会到了这一点。我意识到，我不应该长期持有黄金。由于我对该资产类别的信念是根据基本面分析（而不是情绪）改变的，我卖出了该头寸。即使我持有的黄金价值增加了，情况也是如此。虽然这个头寸在货币意义上还不是一个亏损的头寸，但我相信它最终会是亏损的，所以我卖出了。

由于头寸亏损往往是罕见的，特别是在较长的时间内，因此出售亏损不应该是常见的情况。不要把一段时间的表现不佳与亏损混为一谈。每个资产类别都会经历表现不佳的时期，所以你不应该把这些时期作为卖出的借口。

例如，2010—2019年，美国股市的总收益率为257%，而新兴市场的总收益率只有41%。然而，从2000年到2009年，情况恰恰相反，新兴市场上涨了84%，而美国股市的涨幅不到3%！关键是，表现不佳是不可避免的，它不是卖出的好理由。

我们已经讨论了为摆脱集中（或亏损）的头寸而卖出头寸的情况，然而卖出头寸还有其他原因。

投资的目的

你考虑卖出一项投资的最后一个原因是最明显的——过上你想要的生活。无论这意味着为退休生活提供资金，还是为大件物品筹集现金，卖出投资都是实现目标的一种方式。毕竟，如果你从来没有享受过投资的结果，那投资还有什么意义？

对那些将绝大部分财富集中在一个地方的人来说，这一点尤其正确。你赢得了游戏，但其他人不想停止游戏。为什么要冒这个险？为什么不拿出一些钱，让你的财富多样化，并适当享受生活呢？

你可以为你和你爱的人建立一个安全网，为你孩子的529教育账户提供资金，并偿还你的抵押贷款。如果你愿意，你甚至可以买梦想中的车。无论你怎样花自己的钱都可以。

在为想要的生活冒险之前，先为需要的生活准备资金。

我之所以推荐这种方法，是因为人类心理学认为这是明智的做法。正如第二章所讨论的，每增加一个单位的消费，它所带来的快乐都会减少。财富也是如此。

这就是为什么财富从 0 美元到 100 万美元比财富从 100 万美元到 200 万美元给人带来的幸福感要大得多。虽然这两种财富的变化在绝对意义上是相同的，但从 0 美元到 100 万美元的人在相对意义上的变化要大得多。正是财富和幸福之间的这种递减关系让人相信，有时候卖出是可以的。

既然我们已经讨论了何时应该考虑卖出你的资产，接下来我们讨论一下你应该将资产放在哪里。

第十八章
你应该在哪里投资

罗斯401（k）与401（k）退休金计划

"等等……剩下的呢？"我震惊地说。曾经，我拿着我的第一份薪水，茫然地盯着工资单时，确信一定是有人弄错了。站在旁边的母亲听到我的话，笑了起来。

但那不是我母亲平常的笑，那是一种智慧的笑。她早就知道了一些我即将学到的东西。

"税收，亲爱的，是税收。"她笑着说。

我猜你在拿到第一份薪水后也有类似的经历。困惑之后是失望。"等等……剩下的呢？"是常见的反应。

到目前为止，我们忽略了税收是如何影响投资决策的，但本章将讨论这一点。我们将探讨一些与税收有关的重要的投资问题，包括：

- 我应该参加罗斯401（k）还是401（k）退休金计划？
- 我应该封顶缴纳401（k）退休金计划吗？

- 我应该如何打理我的资产？

这些问题将为你的投资方向提供一般性指导。虽然本章中涉及的账户类型主要集中在美国［401（k）退休金计划、IRAs（个人退休金账户）等］，但讨论的原则适用于任何投资与税收有关的地方。

税收性质的变化

本杰明·富兰克林说过："人的一生中有两件事是确定无疑的——死亡和税收。"遗憾的是，富兰克林的这句话并不像它最初看起来的那样正确。你只需要研究一下美国所得税的历史就能知道原因。

尽管现代美国所得税始于20世纪初，但美国所得税的历史要复杂得多。美国第一次提议征收所得税是在1812年战争期间，但该提议并未被采纳施行。

接下来，在1862年的《税收法案》中，所得税作为美国内战期间的一项救济措施出现了。这一法案通过了，但战后该法案在1872年被废除。

20多年后，美国国会通过了《1894年税收法案》，开始在和平时期征收所得税。然而，一年后，美国最高法院在"波洛克诉农家贷款和信托公司案"中裁定，这项税收违反宪法。

尽管遭遇了这些挫折，但民众仍然支持征收个人所得税。1909 年，第十六条宪法修正案通过。1913 年，国会正式拥有"对收入征税的权力，无论收入来源如何"。

在第十六条宪法修正案之前，国会只能合法地从关税和特定商品，如酒精或烟草的消费税中获得收入。然而，根据第十六条宪法修正案，国会可以对个人收入征税。现代版的美国所得税诞生了。

然而，它仍然与我们今天所知道的所得税完全不同。不仅税率较低（1913 年仅为 1%），而且免税额很高，只有 2% 的美国家庭缴纳所得税。[97] 正如你所看到的，从那时到现在，我们已经取得了很大的进展。

我告诉你美国所得税的历史，以说明美国税收政策在不断变化。遗憾的是，正是税收政策的这种不断演变，让人难以决策。未来随着法律的变化，围绕这些法律的最佳决策也会发生变化。

这就是为什么我建议向税务顾问寻求专业帮助。当涉及税收时，个人的基本情况很重要。你的年龄、家庭结构、居住地所在州等等都会影响你做出与投资相关的税务决定。遗憾的是，在税收问题上没有放之四海而皆准的解决方案。

即便如此，接下来的讨论也能为思考税收问题提供一个有用的框架。

首先，我们来看一个古老的问题：我应该参加罗斯 401（k）还是 401（k）退休金计划？

是否参加罗斯401（k）退休金计划

个人理财领域一个最常被提及的问题是，是通过雇主参加401（k）还是罗斯401（k）退休金计划。提醒一下，401（k）退休金计划，也被称为传统的401（k）计划，缴纳的是税前收入，而罗斯401（k）退休金计划缴纳的是税后收入。这两种账户的唯一区别是什么时候交税。

为了说明这一点，下面我将简单演示一下两种账户的运行方式。在此之前，我要提醒你，当我在讨论401（k）计划与罗斯401（k）计划时，同样的逻辑通常也适用于403（b）计划和IRAs。

下面让我们开始吧。

- **401（k）计划**：凯特收入100美元，她直接用其缴纳401（k）计划，无须缴纳任何所得税。在接下来的30年里，让我们假设100美元增长到300美元。在退休时，凯特支取了300美元，但必须支付30%的所得税。她在退休后能消费的钱（税后）是210美元（300美元的70%）。
- **罗斯401（k）计划**：凯文现在赚100美元，缴纳30%的所得税，税后收入为70美元。他将这70美元直接存入他的罗斯401（k）计划，在未来30年里，这笔钱将增长到210美元。退休后，凯文不用付任何额外的所得税就能消费 210 美元。

凯特和凯文最终都有 210 美元的退休金，因为他们缴纳的金额一样，投资收益率一样，所得税率也一样。从数学角度看，这是有道理的，因为将一组数字相乘时，数字的顺序并不重要。

$3 \times 2 \times 1 = 1 \times 2 \times 3$

或者以凯特和凯文为例：

$100 \times 3 \times 70\% = 100 \times 70\% \times 3$

他们俩唯一的区别是交税的时间，凯特最后交税，凯文在开始时交税。这就是为什么如果在工作期间和退休后的实际所得税率相同，那么加入 401（k）计划还是加入罗斯 401（k）计划没有什么差别。

请注意，我说实际所得税率只是简单起见，因为在现实生活中，更重要的是边际效率。例如，如果凯特在 2020 年的应税收入超过 9 875 美元，她的不高于 9 875 美元的收入部分的税率将仅为 10%，之后每一美元的税率将增加到 10% 以上。在本章接下来的内容中，除非另有说明，你可以假设任何提到的税率都是实际税率（所有收入的平均税率）。

重申一下，如果实际个人所得税率保持不变，那么你无论选择 401（k）还是罗斯 401（k）计划都没有区别。然而，如果你希望个人所得税率有所变化，那么我们可以简化这个决定。

简化有关401（k）计划与罗斯401（k）计划的决策

在决定是选择401（k）计划还是罗斯401（k）计划时，缴税时间很重要，我们可以把这个问题简化为回答这样一个问题：

你现在（工作时）还是以后（退休时）的实际所得税率更高？

在其他条件相同的情况下，你如果认为你现在的实际所得税率更高，那么你就参加401（k）计划，否则就参加罗斯401（k）计划。

当你的税率最高时，缴纳退休金账户的目的是避税。然而，你必须考虑联邦、州和地方的所得税可能会随时发生变化。

思考未来的税率

考虑到在选择401（k）或罗斯401（k）计划时，未来的税率是最重要的，你的下一个问题可能是："尼克，未来的税率是多少？"

遗憾的是，我也不知道！

其他人也不知道。你可以尝试利用历史趋势来考虑未来几十年联邦或州的税率是高还是低，但这比想象的要难。

例如，在2012年，我认为美国联邦所得税率未来可能会提高，在某种程度上接近欧洲发达国家。但令我惊讶的是，2017年《减税与就业法案》通过了，这降低了美国联邦所得税率。预测未来是很困难的。

虽然无法预测美国未来的所得税率，但花时间考虑你退休时的情况有助于弄清楚401（k）和罗斯401（k）计划的区别。

例如，假设你认为联邦实际所得税率将从你工作时的20%提高到退休时的23%。在其他条件相同的情况下，这意味着罗斯401（k）计划将是更好的选择，因为你现在支付的税率（20%）比退休时将要支付的税率（23%）低。

但如果其他条件都不一样呢？如果你现在在一个所得税率高的州（例如加利福尼亚）工作，并且你计划以后在一个所得税率低的州（例如佛罗里达）退休，你该怎么办？在这种情况下，参加401（k）计划将是首选，因为目前省下的州所得税可能会超过将来增加的联邦所得税。

然而，这将因州而异。例如，年龄在59.5岁以上的纽约州居民有权享受最高2万美元的州所得税减免，前提是这笔钱来自合法的退休计划，并满足其他一些要求。这会让你退休金计划的缴费计算变得复杂，但这是值得注意的。

虽然我们不能预测未来的税率，但我们可以对退休后需要多少收入以及我们计划在哪里退休进行预估。有了这两项信息，我们就能很好地判断出自己应该加入401（k）计划还是罗斯401（k）计划。

什么时候401（k）计划更好

虽然在某些情况下，罗斯401（k）计划会比401（k）计划更受欢迎，但我通常更喜欢401（k）计划。为什么？因为它有一个罗斯401（k）计划不具备的优点，即选择权。

使用401（k）计划，你可以更好地控制在何时何地交税。如果你把这一点和401（k）计划可以转换成罗斯个人退休金账户的优势结合起来，就可以玩儿一些有趣的税务游戏。

例如，如果你有一年收入很低（或无收入），你可以利用这段时间将401（k）计划转换为税率较低的罗斯个人退休金账户。

我有朋友在商学院时就用过这种策略，因为他们知道自己暂时赚不到什么钱。他们为转换账户支付的税款远低于他们在工作时参加罗斯401（k）计划缴纳的税款。

但你不一定非要去商学院才能使用这种策略。任何长期的低收入（例如请一年的假来抚养孩子、去休假等）情况下你都可以使用这种策略。

注意，这是假设你401（k）账户的余额不超过你一年的收入。如果超过，那么你将在转换账户时支付相同的（或更高的）税率。在将401（k）计划转换为罗斯个人退休金账户之前，请记住这一点。

除了选择时间，你还可以改变你的退休地点，以避免那些征收高额所得税的城市/州。这就是为什么如果你住在纽约市这样的高税率地区，向罗斯401（k）账户存钱可能是没有意义的，除非你知道你将在一个税率同样高的地区退休。

最后，虽然本章一直使用实际税率，但边际税率才是关键。例如，你（作为个人）在退休时通过 401（k）计划取得退休金，对收入的前 9 875 美元你只支付 10% 的税率，从 9 876 美元到 40 125 美元你只支付 12% 的税率，以此类推。这意味着，如果你计划在退休后接受低于你当前收入的退休金，那么 401（k）计划是一个很好的选择。

例如，如果你在工作时挣了 20 万美元，但退休后只打算每年提取 3 万美元，那么 401（k）计划允许你在工作时避免较高的边际税率，然后在退休时支付较低的边际税率。按照 2020 年单一申请人的税率，这将意味着避免 32% 的边际税率，而只需支付 12% 的边际税率。

虽然我不知道这些税收策略中的哪一个在未来对你最有用，但我知道，罗斯·401（k）计划不提供这些选项。401（k）计划带来的额外灵活性，使它成为我雇主资助的退休计划的不二之选。

什么时候罗斯 401（k）计划更好

尽管罗斯 401（k）计划缺乏可转换性，但在一些特殊情况下，罗斯 401（k）计划可能是最佳选择。其中一种情况是针对高储蓄者的。

为什么是这样？因为与 401（k）计划相比，封顶缴纳罗斯 401（k）计划意味着有更多的钱到了免税账户中。一点儿数学运算可以证明这一点。

想象一下，莎莉和山姆在2020年每人用19 500美元封顶缴纳他们的401（k）计划。萨莉将19 500美元存入罗斯401（k）账户，山姆则将19 500美元存入401（k）账户。30年后，让我们假设他们的账户价值都增长到58 500美元。遗憾的是，山姆还得缴纳所得税。假设缴了30%的税，他就只剩下40 950美元用于退休了。

为什么莎莉的退休收入比山姆高？因为莎莉一开始就把更多的钱存入了她的免税账户。山姆为了在参加401（k）计划后拥有58 500美元的税后退休资金，他最开始必须向他的账户缴纳27 857美元。然而，由于2020年401（k）的最高年度缴纳额为19 500美元，山姆运气不好。

这个简单的例子表明，罗斯401（k）计划可能对高储蓄者来说是更好的选择，因为他们能享受更多的递延所得税福利。

此外，如前所述，如果你比较确定退休时的税率将超过你工作时的税率，罗斯401（k）计划会是更好的选择。在这种情况下，你显然最好参加罗斯401（k）计划，在现在税率相对较低的情况下纳税。

为什么不能两者兼而有之

到目前为止，我一直在拿401（k）计划与罗斯401（k）计划做比较，就好像它们非得非此即彼。但事实并非如此。你可以两者兼而有之。

事实上，对任何参加罗斯401（k）计划的人来说，如果你的雇主也替你缴纳养老金，那么你的账户中就会自动有一部分是401（k）计划，所以你必须习惯两个账户兼而有之。然而，这并不是一件坏事。两者兼而有之能让你拥有更多的选择。

例如，我与一些退休金从业者进行过交谈，他们建议在职业生涯的早期，当收入较低时，参加罗斯401（k）计划，然后随着收入的增加，换成401（k）计划。

这个策略很好，因为它避免了收入最高的年份的最高税率，并在领取退休金时提供了额外的灵活性。正如我前面提到的，由于领取退休金的税收待遇因州而异，双重战略可能是有效应对复杂局面的最佳解决方案。

既然我们已经讨论了401（k）账户与罗斯401（k）账户的成本和好处，接下来让我们对使用这些账户可获得的税收好处加以量化。

量化退休金账户的好处

在谈到税收和投资时，你必须担心两层税收。第一层是个人所得税，我们刚刚讨论过，第二层是资本利得税。正是因为避免了资本利得税，退休金账户才如此有吸引力。

例如，如果你用100美元买入了一只标准普尔500指数基金，两年后以 120 美元的价格卖出，你就必须为这 20 美元的收益支付长期资本利得税。然而，在使用退休金账户［例如 401（k）计划、IRAs］等时，假设你达到了退休年龄，那么这些收益不需要缴纳资本利得税。

通过避免资本利得税，你能在退休账户中获得多少好处？让我们来看看。

我们可以模拟将 1 万美元一次性投资到三种不同账户中的情况：

1. **无税**：一个已经缴纳了所有相关所得税的免税账户［例如罗斯 401（k）账户、罗斯个人退休金账户等］。
2. **一次性征税**：一个应税账户（例如经纪账户），资本利得税只在账户清算时支付。假设不需要支付股息且所有收益最终都能实现。
3. **每年征税**：每年缴纳资本利得税的应税账户（例如经纪账户）。想象一下，整个投资组合每年出售一次，然后买入一次。这就产生了按长期资本利得税计算的已实现收益。

所有账户将经历 7% 的年化增长率（超过 30 年），应税账户将在适用时支付 15% 的长期资本利得税。此外，我在这里使用罗斯 401（k）账户/IRAs，因为我只想比较支付所得税产生的税收影响。

我已经从这个模拟中删除了第一层税收（个人所得税），只关注第二层税收（资本利得税）。这种做法的目的是将不缴纳资本利得税的长期好处（不纳税 vs 一次性纳税）和不每年买卖的好处（一次性纳税 vs 每年纳税）加以量化。

如果我们在支付了所有适用的资本利得税后绘制 30 年内无税和一次性征税账户的 10 000 美元的增长图，情况将如图 18.1 所示：

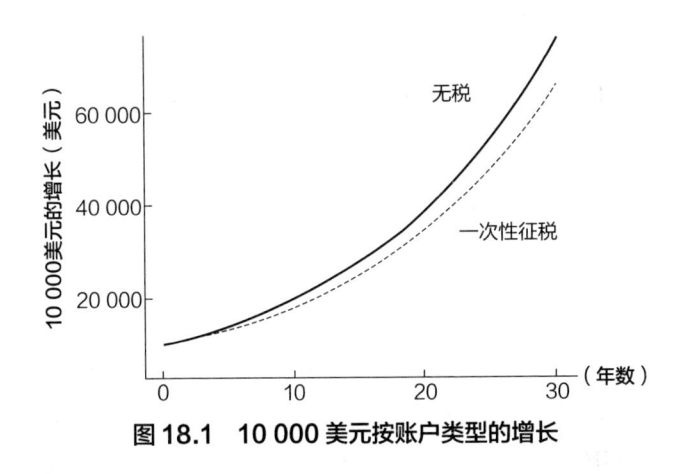

图 18.1 10 000 美元按账户类型的增长

30 年后，无税账户的最终价值为 76 000 美元，而一次性征税账户的最终价值为 66 000 美元。从百分比上看，无税账户比一次性征税账户的税收总额高出了 15%，或在 30 年内每年高出 0.5%。

但这种比较建立在你能够在你的应税经纪账户中买入并持有 30 年的假设上。如果你没有这种程度的自律，那么计算就会发生重大变化。例如，如果你每年买入/卖出你的头寸，并在此过程中支付长期资本利得税（每年征税账户），你就会多损失 0.55% 的年收益。

回到我们的模拟，按照每年征税的方式，1 万美元的投资只会增长到 5.7 万美元，而不是一次性征税方式下的 6.6 万美元。过于频繁的交易总共会让你付出 17% 的代价，每年约 0.55%。

当你将这一点与使用应税账户而不是非应税账户损失的 0.5% 结合起来时，你每年损失的资本利得税超过 1%。其中大约一半的损失来自使用经纪账户（而不是退休金账户），另一半来自频繁的进出。

为什么每年征税对你的投资收益来说是灾难性的？因为频繁地进出会阻碍收益复利。从数学上讲，当你以 15% 的利率实现每年的收益时，你只能获得预期收益的 85%。这就相当于，在税收的影响下，你每年只能以 5.95% 的复利计算财富，而不是以每年 7% 的复利（0.85 × 7% =5.95%）。

对那些太想每年买卖头寸的人来说,将这些钱放入 401（k）账户可以每年将税后收益提高 1% 以上。这在很长一段时间内是很重要的。

然而，对那些更自律的人来说，把尽可能多的钱存入退休金账户可能不是最佳选择。这就是为什么与主流财务建议相反，你可能不应该封顶缴纳你的 401（k）计划。

为什么你可能不应该封顶缴纳你的401（k）计划

我知道你以前已经听过很多次这样的建议了——如果可以，封顶缴纳401（k）计划。这几乎是个人理财专家普遍的建议。事实上，我也主张过这个观点。

然而，自从计算了这些数字后，我的看法改变了。封顶缴纳你的401（k）计划远没有一开始看起来那么有益。但不要误解我的意思。你应该一直缴纳你的401（k）计划，只是金额的上限应为雇主缴纳部分。雇主缴纳部分基本上是免费的，你不应该错过。然而，超出雇主缴纳部分的金额你需要更仔细地考虑。

正如我在上一节中强调的那样，与管理良好的应税账户相比，将你的钱存入非应税账户每年将省下0.5%的个人所得税。然而，这种比较建立在你只向退休金账户缴纳一次款项且每年没有股息的假设上。我们知道，这两件事都不太可能。

随着时间的推移，大多数人将增加资金，并不得不为经纪账户中的股息纳税。如果我们通过使用2%的年度股息和30年的年度缴纳款来进行调整，那么401（k）计划的税后福利将增加到每年0.73%。

虽然这是一笔相当多的钱，但我们没有据此调整401（k）计划的费用。到目前为止，我们一直假设你为401（k）计划支付的费用与为应税账户支付的费用相同。但我们知道情况并非总是如此。由于401（k）计划的投资选择有限，而且有行政和其他费用，你可能不得不为401（k）计划支付比应税账户更多的费用。

根据上面的计算，如果你雇主在401（k）计划中的投资成本只比你在应税经纪账户中支付的费用高0.73%，那么你401（k）计划的年度福利将被完全抵消。

这不是一个很高的标准。例如，如果我们假设你必须每年支付0.1%的基金费用才能在经纪账户中获得多元化的投资组合，那么在401（k）计划中每年支付超过0.83%（0.73%＋0.1%）的任何费用都将完全抵消其长期税收优惠。

德美利证券发现，2019年美国401（k）计划的平均成本为0.45%。[98]这意味着美国人平均每年从401（k）计划中获得0.38%的福利（0.83%～0.45%）（超过雇主缴纳部分）。

遗憾的是，考虑到你必须将资金锁定到59.5岁，这并不是很友好。虽然你可以在某些情况下从罗斯401（k）计划中取钱，但为了所有实际目的，你应该把401（k）账户内的钱视为不可提前支取的。

如果你的计划费用高于0.45%怎么办？如果你恰好在一家规模较小的公司，401（k）计划的全部费用通常会超过1%，那么超出雇主匹配部分的长期缴纳部分将是负收益！与将这笔钱存入管理良好的应税账户相比，超出雇主匹配部分缴纳的每一美元实际上都要花费你的钱。

另一方面，如果你雇主的401（k）计划的全部成本很低（0.2%或更低），那么仍然有一些货币利益可以最大化。

但是，在你这么做之前，你应该问问自己：每年额外0.6%~0.7%的收益值得你将相当大的一部分财富锁定到老年吗？对此我不太确定。

我问这个问题是因为我觉得我犯了一个财务错误：我年轻时的401（k）计划缴款过高。虽然我的退休计划现在看起来很好，但我也对我可以用我的钱做什么设定了一些限制。

例如，我20多岁的时候在401（k）退休金计划里存了太多钱，导致我目前无法支付在曼哈顿买房所需的巨额首付。我甚至不确定我是否想在短期内买房，但如果我想买，由于我的401（k）计划缴款过多，我将需要几年的时间才能存够首付。这在一定程度上是因为我没有提前规划，但也因为我年轻时被"封顶缴纳401（k）计划"的建议吸引。

这就是为什么我很难支持你为了每年额外0.5%（有时更少）的收益而封顶缴纳401（k）计划。这种非流动性溢价太小，不值得你这样做，即使你不需要这笔钱来支付房子的首付。

当然，如果你改变我迄今为止所做的假设，关于是否应该封顶缴纳401（k）计划的答案也会改变。例如，如果将长期资本利得税率从15%提高到30%，401（k）计划对经纪账户的年度福利将从每年0.73%增加到1.5%。这是一个巨大的差异，封顶缴纳401（k）计划可能因此成为更好的选择。

此外，还有一些强烈的行为原因可以解释为什么你可能想要封顶缴纳401（k）账户。例如，如果你发现自己很不会管钱，那么401（k）计划提供的自动化和流动性不足可能正是你所需要的。你不会在电子表格中发现这些好处，但它们肯定很重要。

最终，是否封顶缴纳401（k）计划取决于你的个人情况。你的性情、财务目标和雇主401（k）计划的成本等因素都将在这一决定中发挥作用。在做任何决定之前，请确保你已经仔细考虑了这些因素。

讨论完封顶缴纳401（k）计划的利弊，下面我们对税收进行最后一点儿讨论：资产配置的最佳方式。

资产配置的最佳方式

重要的不是你拥有什么，而是你在哪里拥有它。我说的是资产位置，或者你如何在不同类型的账户中分配资产。例如，你的应税账户（如经纪账户）、非应税账户［如401（k）计划、IRAs等］中是否有债券？还是两者兼有？你的股票怎么样？

传统看法认为，你应该把债券（和其他经常分红的资产）放入非应税账户，把股票（和其他高收益资产）放入应税账户。其中的逻辑是，如果你的债券收入（利息）超过股票收入（股息），你应该为这些收入避税。

更重要的是，由于债券收入的税率高于股票收入的税率

（所得税 vs 资本利得税），将债券放在你的非应税账户中将避免更高的税率。

从历史上看，当债券收益率远远高于股票收益率时，这种策略是有意义的。然而，当债券的收益率/增长率较低时，让其免于征税可能不是最好的选择。

事实上，如果你想将税后财富最大化，你应该把增长最快的资产放在免税账户［例如 401（k）计划、IRAs 等］，把增长最慢的资产放在应税账户。

这是事实，尽管 2020 年的所得税率超过了资本利得税率。我们可以用一个例子来说明为什么将高增长资产放在非应税账户中更好。

假设你将 1 万美元投资于两种不同的资产（资产 A 和资产 B）。资产 A 每年可获得 7% 的收益，无股息/利息，而资产 B 每年可获得 2% 的利息。一年后，资产 A 的账户将有 10 700 美元（税前），资产 B 的账户将有 10 200 美元（税前）。

假设长期资本利得税率为 15%，所得税率为 30%，资产 A 应缴税款为 105 美元（700 美元 × 15%），资产 B 应缴税款为 60 美元（200 美元 × 30%）。既然我们想要最小化我们支付的税款，那么最好将资产 A 放在一个非应税账户中，即使没有任何利息/股息。

这个例子说明了为什么在做出资产配置决定之前，除了考虑所得税/资本利得税的税率，你还需要考虑资产的预期增长率。

此外，将高增长（可能风险较高）资产放入非应税账户，你可能不会在市场暴跌期间卖出它们，因为它们更难买到。

这种策略的另一个好处是，低增长资产（债券）可能会保值，并在你最需要的时候为你提供额外的流动性。在应税账户中持有低增长（和低风险）资产意味着比在非应税账户中更高的可获得性。因此，当市场暴跌时，最有可能保持其价值的资产也是最容易获得的资产。

然而，将高增长和低增长资产在应税和非应税账户之间分开可能会使不同账户之间的再平衡更加困难。例如，如果你的所有股票都在401（k）计划/IRAs中，然后它们跌了一半，你就不能从经纪账户中移动资金到这些账户中以再平衡投资组合的目标配置。虽然从数学上讲，把增长较快的资产放入你的非应税账户可能是最优的，但我不喜欢这样做，因为这给再平衡带来了困难。

这就是为什么我更喜欢在所有账户中平均分配投资。这意味着我的经纪账户、IRAs和401（k）计划都以同样的比例持有类似的资产。它们的资产结构是类似的。

我更喜欢这种方法，因为对我来说，这种管理方式比在一个账户中持有股票、在另一个账户中持有REITs并在其他地方持有债券更容易。这不是实际税率最高的解决方案，但这是我更喜欢的解决方案。

总的来说，如果你是一个需要获得更多收益的人，那么将你的高增长资产隐藏在非应税账户中是正确的做法。然而，如果这对你来说并不重要,那么在不同账户类型之间进行类似的分配可能会让你更容易管理投资。

探讨完如何优化资产配置,接下来让我们讨论一下,为什么这些财富永远不会让你感到富有。

第十九章
为什么你从来不觉得自己富有

——即使你可能已经很富有了

那是 2002 年的圣诞节,整个西弗吉尼亚州的人都在花钱,好像钱已经不值钱了。但是,他们买的不是礼物或蛋酒。是什么呢?

彩票。

下午 3 点 26 分,彩票购买狂潮达到高峰,每秒有 15 张彩票售出。嘀嗒,嘀嗒,嘀嗒。45 个新的希望之星点燃大众对彩票的狂热。

杰克·惠特克就是其中之一。他不常买彩票,但奖金超过 1 亿美元,他怎么能拒绝呢?杰克买完彩票就回家了。

当晚 11 点,强力球彩票中奖号码公布。相伴四十年的妻子朱厄尔把睡着的杰克叫醒。这是个奇迹。他们押对了五个数字中的四个。这不是头奖,但他们都知道,六位数的奖金在等着他们。

第二天早上,杰克在上班前打开电视。有一个惊人的发现。昨晚的抽奖中有一个公布的数字错了。杰克把他的彩票和正确的号码核对了一下，说不出话来。

他刚刚赢得了美国历史上最大的单张彩票头奖——3.14亿美元。杰克决定立即拿走这笔钱。他收到了税后1.13亿美元。[99]

但你已经知道这事不会有好结果了，对吧？

在收到这笔1.13亿美元巨款的两年内，杰克的孙女去世了（可能是因为过量吸毒），他的妻子疏远了他，杰克把时间花在豪赌、招妓和酒驾上。杰克最终输掉了所有赢来的钱。

我已经知道你在想什么了："哦，尼克，又一个彩票中奖者出了差错的故事。如此耳熟啊。"

关于杰克·惠特克，有个小细节我没说：他本来就已经很有钱了。

是的，他的确已经很有钱了。在他买这张将永远改变生活的彩票之前，杰克的净资产已超过1 700万美元。他是怎么变得富有的？他是一个成功的商人，是多元化企业建设公司（西弗吉尼亚州的一家承包公司）的老板。

我之所以讲这个故事，是因为它说明了即使那些有着最好的意图、最好的背景和最好的判断力的人，也会因为金钱改变人生。

杰克·惠特克本性并不坏。他供养妻子和孙女，一直很虔诚，甚至在中彩票后立即捐赠了数千万美元，成立了非营利基金会。

然而，当诱惑出现时，他无法拒绝。金钱使人改变。

颇具讽刺意味的是，如果杰克意识到他已经如此富有，这一切都不会发生。

我怎么知道杰克不觉得自己很富有？因为他仍然在买彩票，尽管他的身家是 1 700 万美元！虽然很容易得出结论，杰克只是一个贪婪的人，但我从经验中知道，承认自己的财富总是比看起来更难。

我没钱，他们有钱

在 2005 年左右，我的朋友约翰（化名）和我开始了一场关于在美国富有意味着什么的讨论。约翰在湾区一个最富有的城市长大，父母都有研究生学历，在医学和教育领域有成功的事业。然而，约翰说他没那么有钱，并告诉了我原因。

约翰 16 岁时，父亲给了他 1 000 美元，让他开一个经纪账户，学着了解股市。那天晚上晚些时候，约翰把礼物的事告诉了他最好的朋友马克，并问马克他得到了什么生日礼物，因为他们是同一天出生的。马克说他从父亲那里得到了一模一样的礼物。

约翰听到这话很震惊。他知道他的父亲和马克的父亲是好朋友，所以他们给儿子送同样的生日礼物似乎是合理的。然而，约翰也知道马克家比他家富裕得多。事实上，马克的父亲可以说是腰缠万贯。

马克的祖父创立了一家著名的投资公司,马克的父亲是一家大型科技公司的董事会成员。从账面上看,马克的家人都是亿万富翁,所以当约翰听说马克只得到1 000美元时,他很困惑。

当约翰问马克:"你也得到了1 000美元?"马克犹豫地回答:"不,是10万美元,但基本上是一样的礼物。"

这就是有钱和很有钱的区别。

2002—2007年,我认为我家也很富有,或者说至少有一些钱。

我家有一台大屏幕电视(约76cm宽)。我们有一辆越野车和一辆跑车。我们住在一幢三层楼的房子里,它位于一个有门禁的社区,孩子们简单地称其为"大门"。后来我发现,这种奢侈的生活只是暂时的。

2002年,我妈妈和继父买下了这栋三层房子,花了27.1万美元。到2007年初,这栋房子涨到了62.5万美元。在此期间,我们家一次又一次地用它进行抵押贷款,房屋价值的透支越来越多。只要房价继续上涨,我们就可以继续靠着高房价过着不错的生活。

不幸的是,房价没有继续上涨。随着2007年底房价开始暴跌,一切都完蛋了。我们失去了房子,被迫卖掉了越野车、电视和跑车。我们曾经的家里已经住进了别人。我知道,我们并不富有。

但直到上了大学，我才意识到我们是多么贫穷。我永远不会忘记开学的第一周，我发现我是新生宿舍 20 个孩子中唯一没有去过欧洲的。事实上，在那个时候，我从加州乘坐飞机去过最远的地方是新墨西哥州，那次旅行是由科学基金资助的。回顾过去，我现在明白了为什么我认为自己在 2002—2007 年很富有——因为我经历过更恶劣的生活环境。

就在住在盖茨镇之前，我和我的家人住在一个公寓里，那里的烤箱下会有蟑螂出没。每当烤东西时，它们就会出来，在烤箱的控制面板上晒太阳，就像阳光下的小蜥蜴一样。它们经常入侵我们的储藏室，还留下排泄物。太恶心了。直到今天我都不能忍受蟑螂。

尽管情况很糟糕，但生活还是很美好的。我从不挨饿，我有一个非常支持我的家庭，我甚至有自己的电脑（那是在 2001 年！）。然而，我不知道这样的生活有多好，因为我只能看到自己的生活，看不到其他人的生活。

这就像我的朋友约翰，他看不到自己的财富，因为他所知道的只是成长过程中相较于高中时的朋友们，他自己更穷。不幸的是，即使你很富有，这种感觉似乎也不会消失。

为什么亿万富翁也感觉不到富有

你可能会认为，当你成为亿万富翁时，就会觉得自己很富有了,但情况并非如此。你可以看看2020年2月媒体对高盛前首席执行官、亿万富翁劳埃德·布兰克费恩的采访。在采访中他声称,尽管他拥有巨额财富,但他并不富有。

布兰克费恩坚称自己是"富人",而不是富豪。他坚持说:"我甚至算不上富人……我不认为自己是富人,我也没有富人的作风。"

他说他在迈阿密和纽约都有房,但只是简单装修了一下。他开玩笑说,如果买了一辆法拉利,他会担心车被剐蹭。[100]

尽管这听起来令人震惊,但我理解布兰克费恩的想法。

当你经常与杰夫·贝佐斯和大卫·格芬这样的人交往,并将瑞·达利欧和肯·格里芬视为同行时,只有10亿美元似乎真的不算多。

然而,从完全客观的角度看,布兰克费恩是美国家庭中最富有的0.01%,也就是1%中的1%。根据经济学家萨兹和祖克曼的数据,2012年,美国最富有的0.01%的家庭(约1.6万个家庭)的净资产至少为1.11亿美元。[101]即使根据2012年以来资产价格的上涨进行调整,布兰克费恩也很容易跻身前0.01%。

但不只是布兰克费恩有这种认知问题,大多数收入较高的人都认为自己比实际情况要差。

例如,《经济与统计评论》上的一项研究表明,大多数收入处于中上等水平的家庭并没有意识到他们有多好。[102]如图19.1所示,收入在第50百分位以上的家庭往往低估了自己相对于其他人的表现。

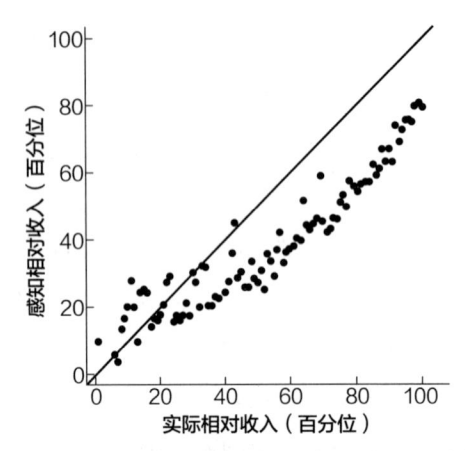

图 19.1　实际相对收入和感知相对收入的对比

图 19.1 显示了第一轮被调查者的感知相对收入与实际相对收入之间的关系，我们构建了 100 个大小相同的实际相对收入统计堆，并在其中显示感知相对收入统计堆。45 度线说明了无偏差情况。观测次数为 1 242 次。

从图 19.1 中我们可以看到，即使是实际收入在第 90 百分位及以上的家庭也认为自己处于第 60~80 百分位。

虽然这个结果乍一看可能令人惊讶，但如果你把财富感知看作一个网络问题，你就很容易理解了。马修·杰克逊在《人类网络》中讨论为什么大多数人觉得自己不如朋友受欢迎时，很好地解释了这一概念：

你有没有觉得别人的朋友比你多？如果答案是肯定的，你并不孤单。我们的朋友平均比一般人有更多的朋友。这就是友谊悖论……友谊悖论很容易理解。最受欢迎的人出现在许多其他人的朋友列表上，而朋友很少的人出现在相对较少的人的朋友列表上。朋友多的人在人们的朋友列表中的比例相对于他们在总人口中的比例偏高，而朋友少的人的比例偏低。[103]

你可以在你的社交网络中应用同样的想法来说明为什么大多数人感觉自己不如他们实际富有。

例如，你可能会想到至少有一个人比你更富有。那个更富有的人可能有一些更富有的朋友，所以他和他的那些朋友也会想到比自己更富有的人。如果他们不能，那么他们可以很容易地提到一个名人（如盖茨、贝佐斯等）。

把这个逻辑延伸到它的自然结论，你会意识到，每个人（除了世界上最富有的人）都可以指着别人说："我不富有，他更富有。"

这就是像布兰克费恩这样富有的亿万富翁依然会觉得自己只是"富裕"的原因。

而你也跟他差不多。

我怎么会知道？因为你可能比你想象的要富有得多。例如，根据2018年瑞士信贷全球财富报告，如果你的净资产超过4 210美元，那么你比世界上一半的人都富有。[104]

如果你的净资产超过93 170美元，这与美国的净资产中位数相似，这将使你跻身全球前10%。我不知道你怎么想，但我认为排名前10%的人是富人。

让我猜猜：你不同意吗？你不认为把你自己和世界各地的人，比如发展中国家的人进行比较是公平的吗？

你猜怎么着？劳埃德·布兰克费恩可能也认为把自己和你我这样的人比较是不公平的！

没错，从客观上讲，布兰克费恩声称自己不富有，比在全球排名前10%的人声称自己不富有更奇怪。然而，这从根本上来说原因相同。我们只是在吹毛求疵。

毕竟，最富有的10%是富人吗？

最富有的1%呢？

最富有的0.01%呢？

在什么群体范围内？在全球范围内吗？在全国范围内吗？在全市范围内吗？

没有正确的答案，因为富有是一个相对的概念。过去是，将来也是。相对论将贯穿你的一生。

例如，你需要1 110万美元的净资产才能在2019年跻身美国前1%的家庭之列。然而，在控制了年龄和受教育程度后，最富有的1%的家庭拥有的净资产是从341 000美元到3 050万美元不等。

例如，要成为35岁以下的高中辍学家庭的前1%，你只需要34.1万美元。然而，要跻身65~74岁受过大学教育的家庭的前 1%，你需要 3 050 万美元。

图 19.2 通过按受教育程度和年龄分列的 2019 年美国最富有的 1% 的家庭拥有的净资产说明了这一点。

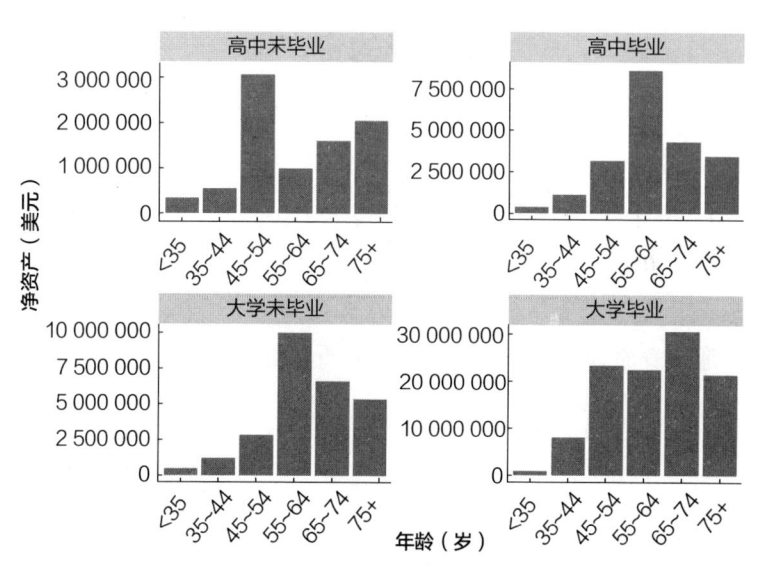

图 19.2 按年龄和受教育程度划分的美国最富有的 1% 的家庭

这就是为什么没有人觉得自己很富有——人们总是很容易拿自己和比自己更富有的人对比。

诀窍是不要忘记所有可能想和你比的人。

既然我们已经讨论了你可能永远不会感到富有的原因，下面我们将注意力转向一项比其他资产都能让你感觉更富有的资产。

第二十章
最重要的资产

为什么你永远无法得到更多

医生、长寿专家彼得·阿提亚在 2017 年做了一次关于如何延长寿命的演讲，他在演讲中向听众分享了以下思想实验。

我敢打赌，如果现在沃伦·巴菲特把钱都给你们，你们中没有一个人会愿意和他交换人生……顺便说一句，我还敢打赌，为了再活 20 年，巴菲特宁愿破产。[105]

考虑一下阿提亚的交易。想象一下拥有巴菲特的财富、名声和世界上最伟大的投资者的地位。你可以去任何你想去的地方，见任何你想见的人，买任何可以买的东西。然而，你现在已经 87 岁了（和巴菲特当时的年龄一样）。你愿意做这个交易吗？

我知道这听起来很神秘，但我打赌你不会。你非常清楚，在某些情况下，时间比金钱更有价值。因为你可以用时间做一些用钱做不到的事情。事实上，只要有足够的时间，你甚至可以移山。

山人

人类历史上最引人注目的坚持不懈的故事之一可能是你以前从未听说过的。

故事发生在1960年印度东北部的吉拉尔镇。那时，吉拉尔镇非常偏僻，偏僻到村民如果需要补给或就医，就必须沿着山脊走上50公里。

有一天，一个女村民在山脊上行走时摔倒了，受了伤。她的丈夫达什拉斯·曼吉得知她受伤后，认为吉拉尔的村民已经沿着山脊走了太长的时间了。当天晚上，曼吉发誓要在山上开辟一条路。

第二天，曼吉拿起锤子和凿子，开始在山脊上开凿。当地村民听说曼吉的目标时，都嘲笑他说这是不可能的。然而，他从未放弃。

在接下来的22年里，曼吉夜以继日，一个人慢慢地凿开了这座山。他最终凿出了一条长110米、宽9.1米、深7.6米的小路。

在20世纪80年代初完成这条路时，他总共凿掉了7 000多立方米的岩石，为自己赢得了"山人"的绰号。

凿通这条小路后，曼吉将吉拉尔镇与邻近村镇之间的通行距离从 55 公里减少到了 15 公里。如果你在谷歌地图上搜索"Dashrath Manjhi Passthrough"，并进入街景模式，你就可以找到他为之工作了 20 多年的那条小路。不幸的是，曼吉的妻子（他开辟道路的动力）在小路凿通的前几年就去世了。

曼吉的故事说明了时间所具有的令人难以置信的价值。虽然曼吉没有钱请施工队在山上开路，但他有时间。

这就是为什么时间是，而且永远是你最重要的资产。你在 20 多岁、30 多岁和 40 多岁时如何利用时间，将对你 50 多岁、60 多岁和 70 多岁的生活产生巨大影响。不幸的是，这个道理需要一段时间才能被认识到。对此，我有切身体会。

在本书的开头，我讨论了我大学刚毕业时对金钱的担忧，在本书的结尾，我将告诉你我在差不多同样的年纪给自己设定的一个目标。这个目标并不重要，但追求目标的过程教会了我时间的价值以及我们如何评价自己的生活。

我们的生命开始于成长股，结束于价值股

23 岁时，我告诉自己，我想在 30 岁前拥有 50 万美元。在那个时候，我名下只有不到 2 000 美元的资金。读到沃伦·巴菲特在 30 岁时拥有 100 万美元后，我选择了 50 万美元作为奋斗目标。

请注意，巴菲特在 1960 年拥有的 100 万美元，相当于今天的 900 多万美元。鉴于我不是巴菲特，我将目标削减了一半，也没有根据通胀进行调整。

当 2020 年 11 月，我 31 岁时，我的净资产仍然没有达到 50 万美元，还差很多。差多少呢？比我想要的要多得多。

但这并不重要。正如范·迪塞尔在《速度与激情》中饰演的角色多米尼克·托雷托说过的那样："不管你是赢了一英寸[①]还是赢了一英里[②]。赢了就是赢了。"

不管亏损一位数还是六位数，亏损就是亏损。但这种亏损让人感到遗憾的是，它发生在大牛市期间。我不能归咎于标准普尔 500 指数，我只能怪我自己。

我哪里失误了？我并不是不努力。我已经全职工作了 8 年多，在近 4 年的时间里，每周花 10 个小时写博客。我直到 2020 年才让博客变现，但即使我的博客能够更早一些变现，我离目标仍然会有距离。

我也不认为我可以归咎于消费。虽然我可以少去旅行，少出去吃饭（我非常喜欢这样的经历），但这些并不能改变我的生活。

但你知道怎样才能让情况有所不同吗？做好职业生涯的早期规划。我应该优化的不是钱，而是时间。

[①] 1 英寸 =2.54 厘米。——编者注
[②] 1 英里 =1.609 344 千米。——编者注

我的很多朋友都去了知名的大型科技公司，获得了非常棒的股权激励，而我在同一家咨询公司工作了6年，拿到了丰厚的薪酬，但没有股权。我意识到我错过了很多，但为时已晚。

现在，这些朋友中的许多人在科技股估值大幅增长后变现了其股票期权，成为百万富翁（至少也是"50万美元富翁"）。是的，人们一般会认为是我的朋友很幸运，这确实没错，但我也知道这只是一个借口。因为我有很多机会在这艘大型科技轮船经过时登上它，但我都拒绝了。

这并不是说我特别想在大型科技公司工作（因为我没有很想），而是在27岁之前，我没有花大量时间来思考我的职业生涯。纽约联邦储备银行的研究人员已经发现，在工作的前10年（25~35岁）个人收入增长最快。[106] 根据这些信息，你可以明白为什么我在23岁时应该把重点放在我的职业生涯上，而不是我的投资组合上。

我犯错的原因是我错误地认为金钱是比时间更重要的资产。我后来才意识到为什么这是错误的。

你能挣到更多的钱，但没有什么能买到更多的时间。

虽然这听起来很残酷，但我保证我对自己并不像看起来那么苛刻。我知道，相较于我的成长经历，我现在的生活已经很好了。此外，如果我加入了一家大型科技公司，我可能就没机会写这本书。但这还是不能改变我没有做好早期职业生涯规划的事实。

更重要的是，我知道即使我达到了 50 万美元的目标，这可能也不会以任何有意义的方式改变我的生活。因为财富是逐步增长的，大致以 10 倍的量级。这就是为什么与财富从 20 万美元增加到 30 万美元相比，财富从 1 万美元增加到 10 万美元对人的生活影响更大。因此，我即使在 30 岁时拥有 50 万美元，也不会有什么不同。

当许多美国家庭在努力维持生计时，我却抱怨没有达到一个过高的财务目标，我知道这听起来多么令人讨厌。但是，正如我在前一章中解释的那样，财富不是一个绝对的游戏，而是一个相对的游戏。

不管怎样，我像你们一样，总是会拿自己和同龄人做比较。我希望可以不这样，但事实就是这样。你可以和我争论，但是，压倒性的研究结果表明情况就是如此。

例如，在《你的幸福曲线》一书中，乔纳森·劳赫描述了大多数人的幸福感如何在 1 岁左右开始下降，在 61 岁时触底，在那之后又开始上升。从图 20.1 中你可以看到，人一生的幸福度最终看起来像 U 形曲线（或一个小小的微笑）。

你可以在美国西北大学经济学家兼助理教授汉内斯·施万特的实证研究中看到这一点，他将人们未来 5 年的预期生活满意度按年龄划分，并将 5 年后的实际生活满意度也按年龄划分。[107]

例如，30 岁的人目前的生活满意度为 7 分（满分 10 分），他们预计 5 年后，当他们都 35 岁时，自己的生活满意度为 7.7 分（满分 10 分）。然而，看看图 20.1 你便知道，35 岁的

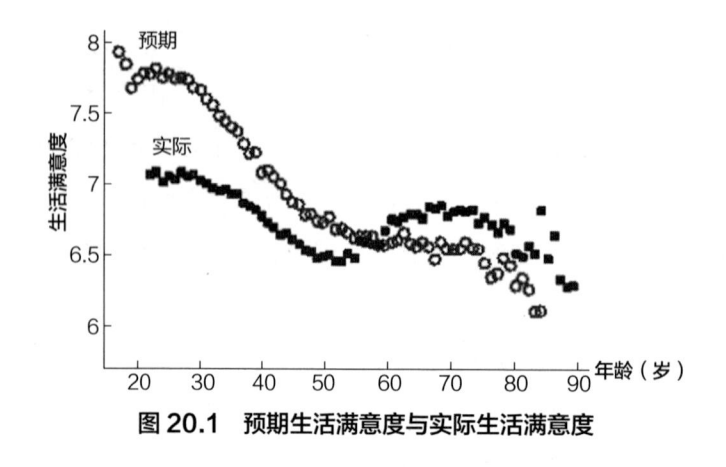

图20.1 预期生活满意度与实际生活满意度

人的生活满意度比30岁的人低——他们在35岁时的实际生活满意度是6.8分,而不是他们在30岁时预测的7.7分。平均而言,30岁的人预计他们的生活满意度会在未来5年增加0.7分,但实际上可能会下降0.2分。

你如果只看代表当前生活满意度的点,就可以看到25~70岁著名的幸福U形曲线。

为什么幸福感会在20岁之后开始下降呢?因为,随着人们年龄的增长,他们的生活通常无法满足他们的高期望。正如劳赫在《你的幸福曲线》中所说:

> 年轻人总是高估自己未来的生活满意度。他们犯了一个巨大的预测错误,就像你住在西雅图,希望每天都有阳光一样……20多岁的年轻人对其未来生活的满意度平均高估了约10%。然而,随着时间的推移,过度的乐观情绪会消失……人

们并没有变得抑郁。他们正在变得，嗯，现实。[108]

这项研究解释了为什么我在 23 岁时为自己设定了一个大胆的财务目标，以及为什么没有达到这个目标让我感到有些沮丧。然而，这也解释了为什么我一开始就不太可能达到这个目标，也就是说，我可能太乐观了。

你可能也会在自己的生活中发现同样的模式。年轻的时候，你可能期望很高，后来却失望了。然而，正如研究表明的那样，这是完全正常的。

随着时间的推移，降低你的期望也是正常的。降低得多一些，当你进入老年时，惊喜可能会给你带来额外的快乐。我们的生命开始于成长股，结束于价值股。

成长股的定价与我们年轻时对自己的看法相似。人们对未来抱有很高的期望和希望。然而，我们中的许多人，就像许多成长股一样，最终未能达到那么高的预期。

随着时间的推移，我们的期望降低得如此之多，以至我们怀疑未来的情况是否会更好。这类似于投资者如何给股票定价。然而，事情通常会比预期的要好，我们像价值投资者一样，可以体验到行情上涨带来的惊喜和愉快。

当然，这只是平均水平。每个人的生活都有不同的曲折。我们都必须根据我们当时所知道的情况来做决定。这就是我们所能做的。

接下来，让我们将所有内容与游戏结合起来。

结语
持续买入法则
如何赢得时间旅行者的游戏

想象一下，有一个对学习如何致富有浓厚兴趣的时间旅行者接近你。为此，时间旅行者设计了一个游戏，内容如下：

明天你会在过去 100 年中的某个时候醒来，对你现在的生活一无所知，也不知道未来会发生什么。不过，你可以给自己制定一套具体的财务指示。假设你想要使自己积累财富的概率最大化，你会告诉自己什么呢？

虽然人们很容易说"买苹果股票"或"避开 1929 年 9 月至 1932 年 6 月的股市"之类的话，但让我们假设历史不会以同样的方式重演。你可以回到 1929 年，从未经历过大萧条，或者回到 1976 年，苹果公司还没成功。

鉴于这些有限的信息，你今天会给自己什么样的指示，让自己带着这些指示回到过去？你如何赢得时间旅行者的游戏？

这本书就是我的答案。鉴于我对你一无所知，我的目标就是让你在财务上获得成功的概率最大化，不管你的背景如何。记住这一点，下面让我们回顾一下我为了赢得时间旅行者的游戏而给自己制定的具体财务指示。

那就是"持续买入"。

储蓄是穷人的事，投资是富人的事

在决定把时间和精力放在哪里之前，先找出自己在财务生涯中的位置。如果你的预期储蓄大于预期投资收益，那就关注储蓄；否则，关注投资。如果两者差不多，那就两者都关注。（绪章）

尽己所能地存钱

你的收入和支出往往不是固定的，所以你的储蓄率也不应该是固定的。尽可能多地存钱来减轻你的经济压力。（第一章）

关注收入，而不是支出

削减开支有其局限性，但增加收入却没有。找到现在增加收入的小方法，这些小方法可以变成将来增加收入的大方法。（第二章）

使用两倍法则来消除消费罪恶感

如果你对某项消费感到内疚，那就把等量的钱投资到创收资产上，或者捐给慈善事业。这是最简单的让你无忧消费的方法。（第三章）

至少把未来加薪和奖金的50%存起来

稍微改变一下生活方式是可以的，但如果你想按期退休，

就把支出增长控制在未来加薪的 50% 以下。（第四章）

债务没有好坏之分，它取决于你如何使用它

债务在某些情况下是有害的，在另一些情况下是有益的。只在对你的财务状况最有利的时候使用债务。（第五章）

只在时机成熟的时候买房

买房可能是你一生中做出的最大的财务决定。因此，只有当它符合你的财务状况和你目前的生活方式时，你才应该这样做。（第六章）

持有现金是在为大额支出存钱

虽然债券和股票可能会让你在等待的时候赚更多的钱，但当你为婚礼、住宅或其他大额支出而存钱时，现金是最好的选择。（第七章）

退休不仅仅关乎金钱

在你决定退休之前，确保你知道你想在什么地方退休。（第八章）

用金融资本替代人力资本

你不可能永远工作下去，所以趁还来得及，把人力资本转换成金融资本吧。投资是实现这一目标的最佳方式。（第九章）

像所有者一样思考，购买创收资产

为了真正增加你的收入，像一个所有者一样思考，用你的钱购买能产生收入的资产。（第十章）

不要买个股

买入个股并期望跑赢大盘就像抛硬币一样。你可能会成功，但就算你成功了，你怎么知道这不是运气？（第十一章）

快买慢卖

由于大多数市场预计会随着时间的推移而上涨，快速购买、缓慢出售是将你的财富最大化的最佳方式。如果你对此感到不舒服，那么你买卖的东西对你来说可能风险太大了。（第十二章、第十七章）

尽可能多地投资

如果你认为你可以通过持有现金来把握市场时机，那你得三思了。即使上帝也无法打败定期定额投资法。（第十三章）

投资不在于你拿到什么牌，而在于怎么出好手里的牌

在你的投资生涯中，你会经历好运气和坏运气。然而，最重要的是你的长期表现。（第十四章）

不要害怕不可避免的波动

市场不会让你一路顺风顺水。别忘了,如果你想获得成功,你就必须经历一些挫折。(第十五章)

市场暴跌(通常)是买入机会

在大崩盘之后买入,未来的收益通常是最高的。当这些崩溃周期性发生时,不要害怕利用它们。(第十六章)

在为你想要的生活冒险之前,先为你需要的生活投资

虽然我一直强调买、买、买,但有时候卖出也没关系。毕竟,如果你什么都不做,那积累财富又有什么意义呢?(第十七章)

不要不经过深思熟虑就封顶缴纳401(k)计划

401(k)计划的年收益可能比你想象的少。在你把钱锁上几十年之前,考虑一下你可能还需要用它做什么。(第十八章)

你永远不会觉得富有,这没关系

不管你在金钱方面多么成功,总会有人比你更有钱。如果你赢得了这场金钱游戏,确保你不会在这个过程中迷失自我。(第十九章)

时间是你最重要的资产

你可以赚更多的钱,但没有什么可以买到更多的时间。(第二十章)

我们已经参与的金融游戏

每天我们都要在不知道未来如何的情况下做出财务决定。虽然我们没有一套具体的指令来遵循,但我们会不断地搜索,尽可能地找到最优信息。你能看到这本书,说明你正在尝试找到一套适合你的指令。

我只希望这本书榜上有名。谢谢你的阅读。

致谢

我的生活就是一连串的幸运事件,这本书的创作也不例外。多年来,如果没有数百人的指导,这本书就不会存在。其中,我要特别感谢:

盖尔蒂·格莱斯,很久很久以前,他激励我写作。

迈克尔·巴特尼克,他比任何人都相信我。

摩根·豪泽尔,他二话不说就为我提供指导。

克雷格·皮尔斯,他在我最需要的时候给我提供了思路和信心。

我还要感谢本·卡尔森、詹姆斯·克利尔、卡尔·约瑟夫·布莱克和吉姆·奥肖内西,他们在编辑这本书时为我提供了宝贵的建议。我要为我的好朋友们大声欢呼,特别是波士顿三人组(贾斯汀、泰勒和山姆),他们一直在鼓励我。

对马古利和黑山的家庭来说,养育一个孩子需要一个村庄。我知道,没有我的村民,我不会拥有现在的一切。我爱你们所有人。

注释

1 JL Collins said it best in a remake of this classic scene from the film *The Gambler*: www.youtube.com/watch?v=eikbQPldhPY

2 Miller, Matthew L., "Binge 'Til You Burst: Feast and Famine on Salmon Rivers," Cool Green Science (April 8, 2015).

3 Nichols, Austin and Seth Zimmerman, "Measuring Trends in Income Variability," Urban Institute Discussion Paper (2008).

4 Dynan, Karen E., Jonathan Skinner, and Stephen P. Zeldes, "Do the Rich Save More?" *Journal of Political Economy* 112:2 (2004) 397–444.

5 Saez, Emmanuel, and Gabriel Zucman, "The Distribution of US Wealth: Capital Income and Returns since 1913." Unpublished (2014).

6 "Stress in America? Paying With Our Health," American Psychological Association (February 4, 2015).

7 "Planning & Progress Study 2018," Northwestern Mutual (2018).

8 Graham, Carol, "The Rich Even Have a Better Kind of Stress than the Poor," Brookings (October 26, 2016).

9 Leonhardt, Megan, "Here's How Much Money Americans Say You Need to Be 'Rich'," CNBC (July 19, 2019).

10 Frank, Robert, "Millionaires Need $7.5 Million to Feel Wealthy," *The Wall Street Journal* (March 14, 2011).

11 Chris Browning et al., "Spending in Retirement: Determining the Consumption Gap," *Journal of Financial*

Planning 29:2 (2016), 42.

12 Taylor, T., Halen, N., and Huang, D., "The Decumulation Paradox: Why Are Retirees Not Spending More?" *Investments & Wealth Monitor* (July/August 2018), 40–52.

13 Matt Fellowes, "Living Too Frugally? Economic Sentiment & Spending Among Older Americans," unitedincome.capitalone.com (May 16, 2017).

14 Survey of Consumer Finances and Financial Accounts of the United States.

15 19th Annual Transamerica Retirement Survey (December 2019).

16 The 2020 Annual Report of the Board of Trustees of the Federal Old-Age and Survivors Insurance and Federal Disability Insurance Trust Funds (April 2020).

17 Pontzer, Herman, David A. Raichlen, Brian M. Wood, Audax Z.P. Mabulla, Susan B. Racette, and Frank W. Marlowe, "Hunter-gatherer Energetics and Human Obesity," *PLoS ONE* 7:7 (2012), e40503.

18 Ross, Robert, and I.N. Janssen, "Physical Activity, Total and Regional Obesity: Dose-response Considerations," *Medicine and Science in Sports and Exercise* 33:6 SUPP (2001), S521–S527.

19 Balboni, Clare, Oriana Bandiera, Robin Burgess, Maitreesh Ghatak, and Anton Heil, "Why Do People Stay Poor?" (2020). CEPR Discussion Paper No. DP14534.

20 Egger, Dennis, Johannes Haushofer, Edward Miguel, Paul Niehaus, and Michael W. Walker, "General Equilibrium Effects of Cash Transfers: Experimental Evidence From Kenya," No. w26600. National Bureau of Economic Research (2019).

21 Stanley, Thomas J., *The Millionaire Next Door: The Surprising Secrets of America's Wealthy* (Lanham, MD: Taylor Trade

Publishing, 1996).

22 Corley, Thomas C., "It Takes the Typical Self-Made Millionaire at Least 32 Years to Get Rich," Business Insider (March 5, 2015).

23 Curtin, Melanie, "Attention, Millennials: The Average Entrepreneur is This Old When They Launch Their First Startup," Inc.com (May 17, 2018).

24 Martin, Emmie, "Suze Orman: If You Waste Money on Coffee, It's like 'Peeing $1 Million down the Drain'," CNBC (March 28, 2019).

25 Rigby, Rhymer, "We All Have Worries but Those of the Rich Are Somehow Different," *Financial Times* (February 26, 2019).

26 Dunn, Elizabeth, and Michael I. Norton, *Happy Money: The Science of Happier Spending* (New York, NY: Simon & Schuster Paperbacks, 2014).

27 Pink, Daniel H, *Drive: The Surprising Truth about What Motivates Us* (New York, NY: Riverhead Books, 2011).

28 Matz, Sandra C., Joe J. Gladstone, and David Stillwell, "Money Buys Happiness When Spending Fits Our Personality," *Psychological Science* 27:5 (2016), 715–725.

29 Dunn, Elizabeth W., Daniel T. Gilbert, and Timothy D. Wilson, "If Money Doesn't Make You Happy, Then You Probably Aren't Spending It Right," *Journal of Consumer Psychology* 21:2 (2011), 115–125.

30 Vanderbilt, Arthur T, *Fortune's Children: The Fall of the House of Vanderbilt* (New York, NY: Morrow, 1989).

31 Gorbachev, Olga, and María José Luengo-Prado, "The Credit Card Debt Puzzle: The Role of Preferences, Credit Access Risk, and Financial Literacy," *Review of Economics and Statistics* 101:2 (2019), 294–309.

32 Collins, Daryl, Jonathan Morduch, Stuart Rutherford, and Orlanda Ruthven, *Portfolios of the Poor: How the World's Poor Live On $2 a Day* (Princeton, NJ: Princeton University Press, 2009).

33 "The Economic Value of College Majors," CEW Georgetown (2015).

34 Tamborini, Christopher R., ChangHwan Kim, and Arthur Sakamoto, "Education and Lifetime Earnings in the United States," *Demography* 52:4 (2015), 1383–1407.

35 "The Economic Value of College Majors," CEW Georgetown (2015).

36 "Student Loan Debt Statistics [2021]: Average + Total Debt," EducationData (April 12, 2020).

37 Radwin, David, and C. Wei, "What is the Price of College? Total, Net, and Out-of-Pocket Prices by Type of Institution in 2011–12," Resource document, National Center for Education Statistics (2015).

38 Brown, Sarah, Karl Taylor, and Stephen Wheatley Price, "Debt and Distress: Evaluating the Psychological Cost of Credit," *Journal of Economic Psychology* 26:5 (2005), 642–663.

39 Dunn, Lucia F., and Ida A. Mirzaie, "Determinants of Consumer Debt Stress: Differences by Debt Type and Gender," Department of Economics: Columbus, Ohio State University (2012).

40 Sweet, Elizabeth, Arijit Nandi, Emma K. Adam, and Thomas W. McDade, "The High Price of Debt: Household Financial Debt and its Impact on Mental and Physical Health," *Social Science & Medicine* 91 (2013), 94–100.

41 Norvilitis, J.M., Szablicki, P.B., and Wilson, S.D., "Factors Influencing Levels of Credit-Card Debt in College Students," *Journal of Applied Social Psychology* 33 (2003), 935–947.

42 Dixon, Amanda, "Survey: Nearly 4 in 10 Americans Would Borrow to Cover a $1K Emergency," Bankrate (January 22, 2020).

43 Kirkham, Elyssa, "Most Americans Can't Cover a $1,000 Emergency With Savings," LendingTree (December 19, 2018).

44 Athreya, Kartik, José Mustre-del-Río, and Juan M. Sánchez, "The Persistence of Financial Distress," *The Review of Financial Studies* 32:10 (2019), 3851–3883.

45 Shiller, Robert J., "Why Land and Homes Actually Tend to Be Disappointing Investments," *The New York Times* (July 15, 2016).

46 Bhutta, Neil, Jesse Bricker, Andrew C. Chang, Lisa J. Dettling, Sarena Goodman, Joanne W. Hsu, Kevin B. Moore, Sarah Reber, Alice Henriques Volz, and Richard Windle, "Changes in US Family Finances from 2016 to 2019: Evidence From the Survey of Consumer Finances," *Federal Reserve Bulletin* 106:5 (2020).

47 Eggleston, Jonathan, Donald Hayes, Robert Munk, and Brianna Sullivan, "The Wealth of Households: 2017," U.S. Census Bureau Report P70BR-170 (2020).

48 Kushi, Odeta, "Homeownership Remains Strongly Linked to Wealth-Building," First American (November 5, 2020).

49 "What is a Debt-to-Income Ratio? Why is the 43% Debt-to-Income Ratio Important?" Consumer Financial Protection Bureau (November 15, 2019).

50 Bengen W.P., "Determining Withdrawal Rates Using Historical Data," *Journal of Financial Planning* 7:4 (1994), 171–182.

51 Kitces, Michael, "Why Most Retirees Never Spend Their Retirement Assets," Nerd's Eye View, Kitces.com (July 6, 2016).

52 Bengen, William, Interview with Michael Kitces, *Financial Advisor Success Podcast* (October 13, 2020).

53 "Spending in Retirement," J.P. Morgan Asset

Management (August 2015).

54　Fisher, Jonathan D., David S. Johnson, Joseph Marchand, Timothy M. Smeeding, and Barbara Boyle Torrey, "The Retirement Consumption Conundrum: Evidence From a Consumption Survey," *Economics Letters* 99:3 (2008), 482–485.

55　Robin, Vicki, Joe Dominguez, and Monique Tilford, *Your Money or Your Life: 9 Steps to Transforming Your Relationship with Money and Achieving Financial Independence* (Harmondsworth: Penguin, 2008).

56　Zelinski, Ernie J., *How to Retire Happy, Wild, and Free: Retirement Wisdom That You Won't* (Visions International Publishing: 2004).

57　O'Leary, Kevin, "Kevin O'Leary: Why Early Retirement Doesn't Work," YouTube video, 1:11 (March 20, 2019).

58　Shapiro, Julian, "Personal Values," Julian.com.

59　Maggiulli, Nick, "If You Play With FIRE, Don't Get Burned," Of Dollars And Data (March 30, 2021).

60　"Social Security Administration," Social Security History, ssa.gov.

61　Roser, M., Ortiz-Ospina, E., and Ritchie, H., "Life Expectancy," ourworldindata.org (2013).

62　Hershfield, Hal E., Daniel G. Goldstein, William F. Sharpe, Jesse Fox, Leo Yeykelis, Laura L. Carstensen, and Jeremy N. Bailenson, "Increasing Saving Behavior Through Age-Progressed Renderings of the Future Self," *Journal of Marketing Research* 48 SPL (2011), S23–S37.

63　Fisher, Patti J., and Sophia Anong, "Relationship of Saving Motives to Saving Habits," *Journal of Financial Counseling and Planning* 23:1 (2012).

64　Colberg, Fran, "The Making of a Champion," Black Belt

(April 1975).

65 Seigel, Jeremy J., *Stocks for the Long Run* (New York, NY: McGraw-Hill, 2020).

66 Dimson, Elroy, Paul Marsh, and Mike Staunton, *Triumph of the Optimists: 101 Years of Global Investment Returns* (Princeton, NJ: Princeton University Press, 2009).

67 Biggs, Barton, *Wealth, War and Wisdom* (Oxford: John Wiley & Sons, 2009).

68 U.S. Department of the Treasury, Daily Treasury Yield Curve Rates (February 12, 2021).

69 Asness, Clifford S., "My Top 10 Peeves," *Financial Analysts Journal* 70:1 (2014), 22–30.

70 Jay Girotto, interview with Ted Seides, Capital Allocators, podcast audio (October 13, 2019).

71 Beshore, Brent (@brentbeshore). 12 Dec 2018, 3:52 PM. Tweet.

72 Wiltbank, Robert, and Warren Boeker, "Returns To Angel Investors In Groups," SSRN.com (November 1, 2007); and "Review of Research on the Historical Returns of the US Angel Market," Right Side Capital Management, LLC (2010).

73 "Who are American Angels? Wharton and Angel Capital Association Study Changes Perceptions About the Investors Behind U.S. Startup Economy," Angel Capital Association (November 27, 2017).

74 Altman, Sam, "Upside Risk," SamAltman.com (March 25, 2013).

75 Max, Tucker, "Why I Stopped Angel Investing (and You Should Never Start)," Observer.com (August 11, 2015).

76 Wiltbank, Robert, and Warren Boeker, "Returns To Angel Investors in Groups," SSRN.com (November 1, 2007).

77 Frankl-Duval, Mischa, and Lucy Harley-McKeown, "Investors in Search of Yield Turn to Music-Royalty Funds," *The Wall Street Journal* (September 22, 2019).

78 SPIVA, spglobal.com (June 30, 2020).

79 Bessembinder, Hendrik, "Do Stocks Outperform Treasury Bills?" *Journal of Financial Economics* 129:3 (2018), 440–457.

80 West, Geoffrey B., *Scale: The Universal Laws of Life, Growth, and Death in Organisms, Cities, and Companies* (Harmondsworth: Penguin, 2017).

81 Kosowski, Robert, Allan Timmermann, Russ Wermers, and Hal White, "Can Mutual Fund 'Stars' Really Pick Stocks? New Evidence from a Bootstrap Analysis," *The Journal of Finance* 61:6 (2006), 2551–2595.

82 "The Truth About Top-Performing Money Managers," Baird Asset Management, White Paper (2014).

83 Powell, R., "Bernstein: Free Trading is Like Giving Chainsaws to Toddlers," The Evidence-Based Investor (March 25, 2021).

84 Stephens-Davidowitz, Seth, *Everybody Lies: Big Data, New Data, and What the Internet Can Tell Us About Who We Really Are* (New York, NY: HarperCollins, 2017).

85 Rosling, Hans, *Factfulness* (Paris: Flammarion, 2019).

86 Buffett, Warren E., "Buy American. I Am," *The New York Times* (October 16, 2008).

87 "Asset Allocation Survey," aaii.com (March 13, 2021).

88 This is the median outcome for investing every month for a decade into U.S. stocks from 1926–2020.

89 For more detail see: ofdollarsanddata.com/in-defense-of-global-stocks.

90 Zax, David, "How Did Computers Uncover J.K.

Rowling's Pseudonym?" Smithsonian Institution, Smithsonian. com (March 1, 2014)

91 Hern, Alex, "Sales of 'The Cuckoo's Calling' surge by 150,000% after JK Rowling revealed as author," *New Statesman* (July 14, 2013).

92 Kitces, Michael, "Understanding Sequence of Return Risk & Safe Withdrawal Rates," Kitces.com (October 1, 2014).

93 Frock, Roger, *Changing How the World Does Business: FedEx's Incredible Journey to Success – The Inside Story* (Oakland, CA: Berrett-Koehler Publishers, 2006).

94 Anarkulova, Aizhan, Scott Cederburg, and Michael S. O'Doherty, "Stocks for the Long Run? Evidence from a Broad Sample of Developed Markets," ssrn.com (May 6, 2020).

95 Zilbering, Yan, Colleen M. Jaconetti, and Francis M. Kinniry Jr., "Best Practices for Portfolio Rebalancing," Valley Forge, PA: The Vanguard Group.

96 Bernstein, William J., "The Rebalancing Bonus," www.efficientfrontier.com.

97 Brownlee, W. Elliot, *Federal Taxation in America* (Cambridge: Cambridge University Press, 2016).

98 Leonhardt, Megan, "Here's What the Average American Typically Pays in 401(k) Fees," CNBC (July 22, 2019).

99 Witt, April, "He Won Powerball's $314 Million Jackpot. It Ruined His Life," *The Washington Post* (October 23, 2018).

100 Luce, Edward, "Lloyd Blankfien: 'I Might Find It Harder to Vote for Bernie than for Trump'," *Financial Times* (February 21, 2020).

101 Saez, Emmanuel, and Gabriel Zucman, "Wealth Inequality in the United States Since 1913 : Evidence from Capitalized Income Tax Data," *The Quarterly Journal of Economics*

131:2 (2016), 519–578.

102 Karadja, Mounir, Johanna Mollerstrom, and David Seim, "Richer (and Holier) Than Thou? The Effect of Relative Income Improvements on Demand for Redistribution," *Review of Economics and Statistics* 99:2 (2017), 201–212.

103 Jackson, Matthew O., *The Human Network: How Your Social Position Determines Your Power, Beliefs, and Behaviors* (New York, NY: Vintage, 2019).

104 "Global Wealth Report 2018," Credit Suisse (October 18, 2018).

105 Petter Attia, "Reverse Engineered Approach to Human Longevity," YouTube video, 1:15:37 (November 25, 2017).

106 Guvenen, Fatih, Fatih Karahan, Serdar Ozkan, and Jae Song, "What Do Data on Millions of US Workers Reveal About Life-cycle Earnings Dynamics?" FRB of New York Staff Report 710 (2015).

107 Schwandt, Hannes, "Human Wellbeing Follows a U-Shape over Age, and Unmet Aspirations Are the Cause," British Politics and Policy at LSE (August 7, 2013).

108 Rauch, Jonathan, *The Happiness Curve: Why Life Gets Better After 50* (New York, NY: Thomas Dunne Books, 2018).